W0196268

Kompetenz Erzählen

Kompetenz Informieren

Brainstorming

Wortfeld Urlaub

① Schreibe 3 Minuten lang alles auf, was dir zum Thema „Urlaub am Meer" einfällt. Setze den Stift nicht ab.

Sprich: „Bräinstorming" – das bedeutet „Ideensammlung".

URLAUB AM MEER

2 In einem Brainstorming kannst du auch Sinneseindrücke und Gefühle sammeln:

 Was **sehe** ich?   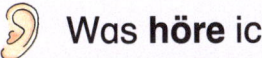 Was **höre** ich?

 Was **rieche** ich?   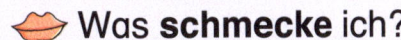 Was **schmecke** ich?

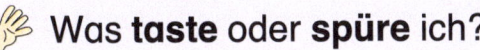 Was **taste** oder **spüre** ich?   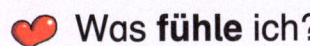 Was **fühle** ich?

Notiere Sinneseindrücke und Gefühle.

Wortfeld
Geburtstag

Duft nach frisch gebackenem Schokokuchen

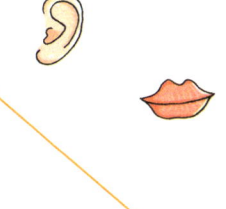

2 Ideen ordnen mit einer Mindmap

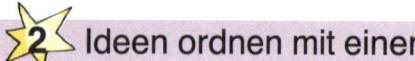

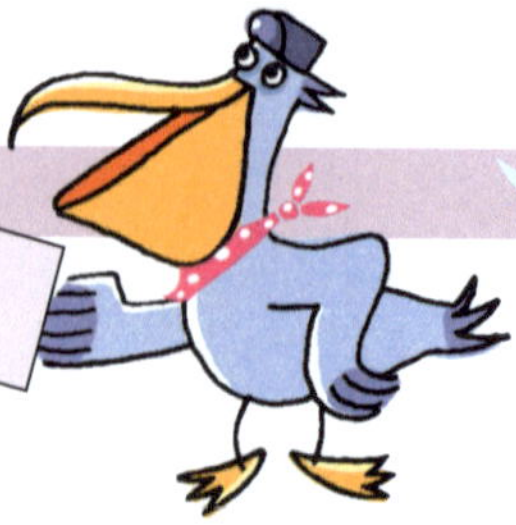

In einer Mindmap ordne ich meine Ideen mithilfe von Schlüsselbegriffen.

① In Pepes Mindmap passen zwei Schlüsselbegriffe nicht dazu. Streiche sie durch.

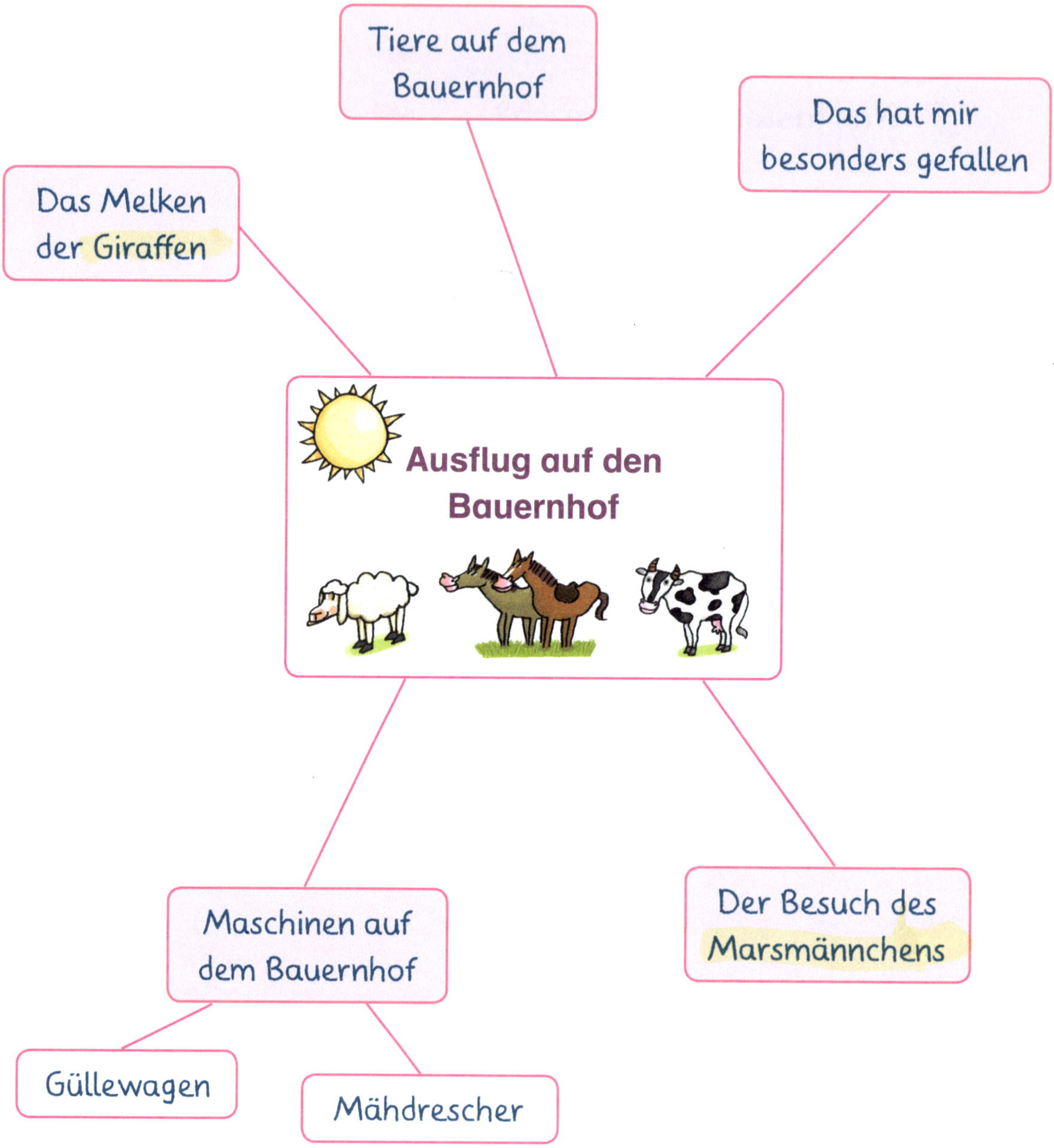

Ausflug auf den Bauernhof
Tiere auf dem Bauernhof
Das hat mir besonders gefallen
Das Melken der Giraffen
Maschinen auf dem Bauernhof
Der Besuch des Marsmännchens
Güllewagen
Mähdrescher

② Hast du noch Ideen? Ergänze Striche und weitere Felder.

 kontrolliert: ☆

Bei der Wörterjagd sammelst du Wörter, die dir beim Texte schreiben helfen. Lege dir ein Heft mit Wörtern an.

① Markiere im Text alle Satzanfänge.

Schlangenfangen

Zuerst werden zwei Fänger bestimmt. Sie müssen sich an den Händen halten und dürfen sich nicht loslassen. Jetzt rennen alle Kinder weg. Dabei klatschen die Fänger die Kinder ab und nehmen jedes gefangene Kind an die Hand. So wird die Schlange immer länger. Zum Schluss sind alle Kinder gefangen. Nun halten sich alle an den Händen.

② Schreibe jetzt alle Satzanfänge aus Aufgabe 1 in deine Wörtersammlung, zum Beispiel in ein Heft.

Achte auf diese Symbole im Heft:

Markiere die Wörter im Text. Die Sprechblase zeigt dir, welche Wörter du suchen sollst.

Sammle die Wörter in deiner Wörtersammlung in einem extra Heft. Die Sprechblase zeigt dir, welche Wörter du aufschreiben sollst.

kontrolliert: ☆   7

1 Fülle die Lücken aus und löse das Tierrätsel.

Nomen

Tierrätsel

Ich bin kleiner als eine Katze

und **größer als** eine Maus ☑

Mein Fell ist weiß ,

Brau , schwatz oder gefleckt ☒

Ich lebe im Haus in einem ketig ☑

Im Sommer bin ich auch gerne im Garten ☑

Am liebsten fresse ich Gras und

Lowenzahn ☒

Besonders an mir sind meine langen Ohren ☒

Wer bin ich?

Ich bin ein ◯ Igel ◯ Kaninchen ⊗ Meerschweinchen

2 Überarbeite das Rätsel: Steht am Satzende immer ein Punkt?
Ergänze ihn.

1 In jeder Wörterschlange haben sich 3 Wörter versteckt, die für Tierrätsel wichtig sind. Schreibe sie auf.

Fell, Haut, Federn

schnauze, Rüssel, Maul

Gras, Fliegen, Fleisch

Stall, weide, wildnis

Überlege dir doch noch mehr Wörterschlangen!

Adjektive

1 Fülle die Lücken aus und verbinde dann immer ein Wort mit dem passenden Satz.

Ich bin so hoch wie ein
Baum .

Ich bin kleiner als eine
Katze .

Ich bin schwerer _als_
ein _Bagger_ .

Ich bin so groß _wei_
eine _Ku_ .

Vogel

Giraffe

Wal

Pferd

2 Welche Besonderheiten haben diese Tiere?
Schreibe einen passenden Satz.

Nenne das besondere Merkmal des Tiers immer erst am Ende des Rätsels!

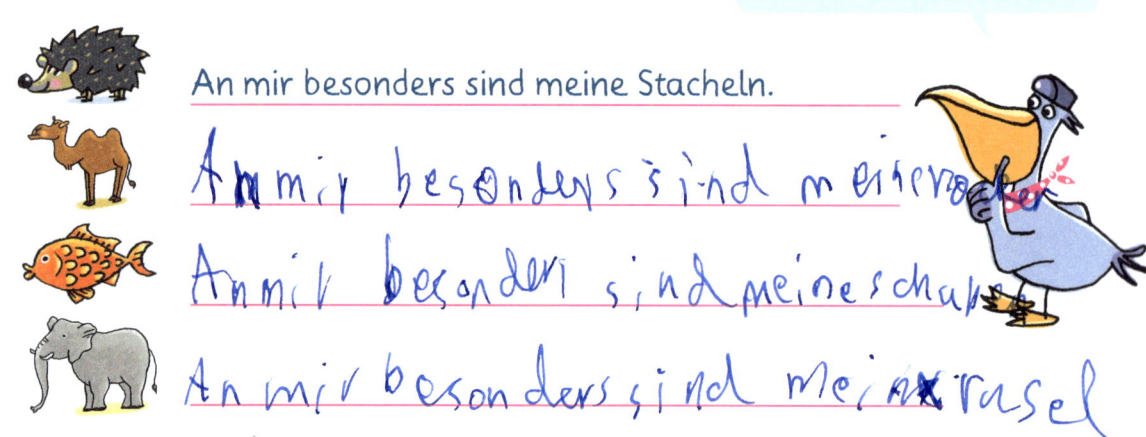

An mir besonders sind meine Stacheln.

Ammir besonders sind meine vocke

Annit besonders sind meine schu

An mir besonders sind meine rasel

kontrolliert: ☆

1 Schreibe die Sätze zu Ende.
Verwende passende Wörter von unten.

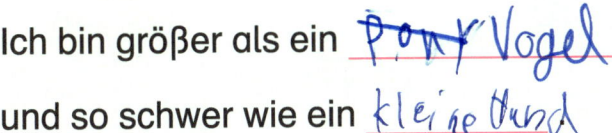

Tierrätsel

Mein Aussehen

Ich bin größer als ein ~~Pony~~ *Vogel*

und so schwer wie ein *kleine Hund*

Ich habe ein *Schuantz* und eine *Fell* .

Mein Zuhause

Ich lebe *Drausen ode Drinen* .

Am liebsten fresse ich *Trocken Futer*.

Meine Nahrung

An mir besonders *ist mein schleichen*

.

Meine Besonderheit

Pony Käfer Pferd Maus Fell Federn Mähne

im Garten im Urwald in der Savanne am Teich

Körner Gras Mäuse Fleisch schwarz-weiß

gestreift Höcker Rüssel

2 Schreibe ein eigenes Rätsel
zu einem dieser Tiere auf ein extra Blatt.

Weißt du nicht weiter?
Der rote Faden hilft!

kontrolliert: ☆ **11**

Leon schreibt einen Wochenplan.

Mo	Di	Mi	Do	Fr
Treffen mit Tom	Klavier-unterricht	Arzttermin		

Das habe ich diese Woche an den Nachmittagen geplant.

1 Spure die grauen Satzanfänge nach und schreibe die Sätze dann fertig.

Mein Wochenplan

Am Montag treffe ich mich mit _____ .

Am Dienstag gehe ich zum _____ .

Am Mittwoch habe ich einen _____ .

2 Was hat Leon am Donnerstag und Freitag vor? Schreibe zwei Sätze in der Ich-Form.

Am Donnerstag _____

_____

_____

kontrolliert:

1 In jeder Wörterschlange haben sich 3 Hobbys versteckt.
Schreibe sie auf.

_____

_____

2 Welche Wochentage haben sich hier versteckt?
Schreibe auf.

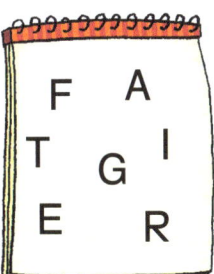

_____   _____

_____

		Mia	Tom	Mama
1	Mo	Oma und Opa besuchen	Treffen mit Leon	Yoga
2	Di	Handballtraining	Zahnarzt	
3	Mi			
4	Do		Einkaufen mit Oma	Elternabend
5	Fr	bei Hannah übernachten	Gitarrenunterricht	Kino mit Papa
6	Sa	Kuchen backen mit Mama	Ausflug mit Papa	Kuchen backen mit Mia
7	So			

1 Mia beschreibt ihre Nachmittage. Schreibe die Sätze mit dem passenden Verb zu Ende. Verwende die Ich-Form.

Mias Wochenplan

Am Montag (besuchen) <u>besuche ich Oma und Opa</u>.

Am Dienstag (gehen) _____.

Am Mittwoch und Donnerstag habe ich noch nichts vor.

Am Freitag (übernachten) _____.

Am Samstag (backen) _____.

2 Was macht Mia am Sonntag? Löse die Geheimschrift.

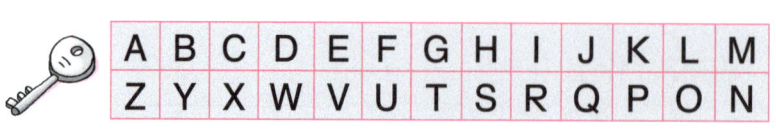

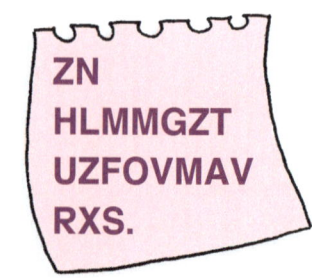

ZN
HLMMGZT
UZFOVMAV
RXS.

A	B	C	D	E	F	G	H	I	J	K	L	M
Z	Y	X	W	V	U	T	S	R	Q	P	O	N

14 kontrolliert:

1 Schreibe Toms Wochenplan von Seite 14 auf.
Was könnte er am Sonntag machen?

Verben

Toms Wochenplan

Am Montag …

Am Dienstag …

Am Mittwoch …

Am Donnerstag …

Am Freitag …

Am Samstag …

Am Sonntag …

Und was machst du so?
Schreibe deinen Wochenplan.

2 Hast du an ganze Sätze gedacht?
Kreise jeden Punkt am Satzende ein.

kontrolliert: ⭐ 15

1 Wer wird hier beschrieben? Verbinde.

Der Junge trägt eine kurze blaue Hose. Seine Mütze ist gestreift.

Das Mädchen hat eine Jeans an. Ihr T-Shirt ist gelb gepunktet.

Das Mädchen trägt einen roten Rock und hellblaue Leggins.

Der Junge trägt ein Hemd und eine blaue Hose. Sie hat ein Loch am Knie.

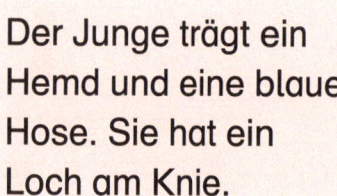

Zwei Kinder bleiben übrig. Kannst du ihre Kleidung beschreiben?

Das Mädchen hat ein rotes Kleid an. Die Strumpfhose ist bunt geringelt.

1 Immer das Gegenteil! Kreise mit der gleichen Farbe ein.

Adjektive

lang   groß   klein

kurzärmlig   schwarz   dick

dünn   kurz   bunt

weiß   einfarbig   langärmlig

2 Löse das Kreuzworträtsel.

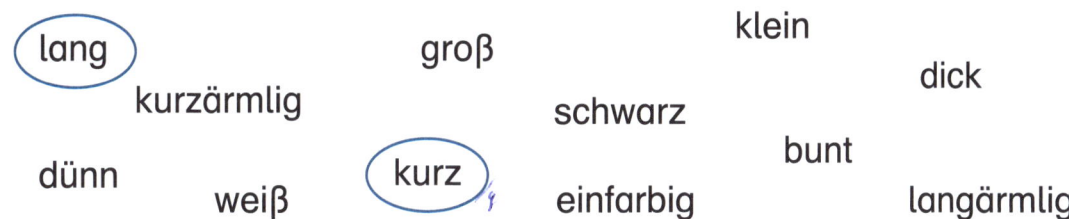

Adjektive helfen dir beim genauen Beschreiben!

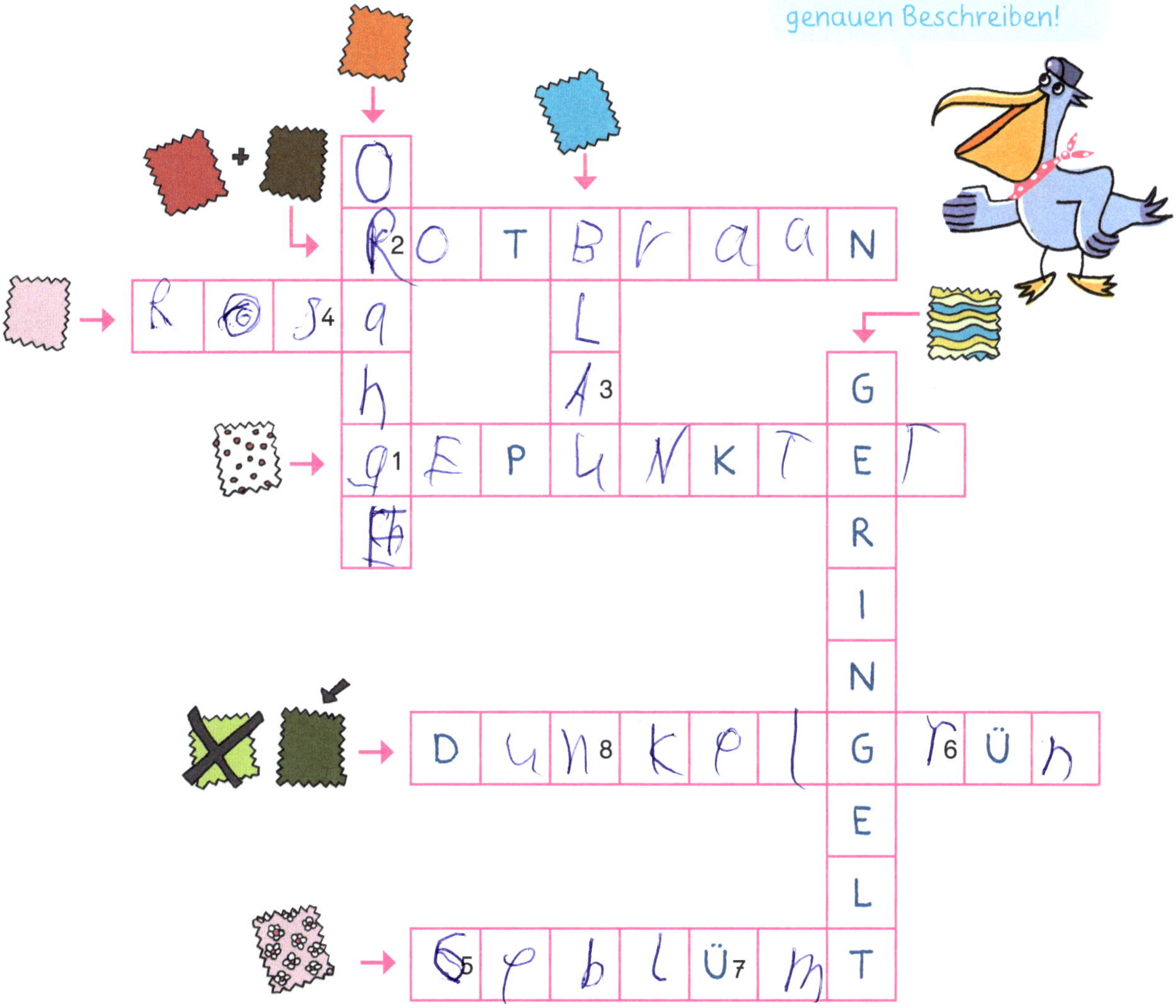

O
R₂ O T B r a a N
R O S₄ a   L   G
          h   A₃   G
g₁ E P U N K T E T
H   R
          I
          N
D U N₈ K e l G r₆ Ü h
          E
          L
G₅ e b l Ü₇ m T

Lösung:

G	R	A	S	G	R	Ü	N
1	2	3	4	5	6	7	8

Adjektive

1 Toni hat in seiner Beschreibung die Adjektive vergessen.
Setze sie an der richtigen Stelle ein.

Der Junge trägt ein _____ T-Shirt mit

_____ Streifen.

Er hat eine _____, _____ Jogginghose an.

Die Socken sind _____ und haben

ein _____ Loch.

blaues

lange   kleines

roten

gelbe   weiß

2 Finde möglichst viele Adjektive, um die Kleidungsstücke zu
beschreiben.

Adjektive schreibt
man immer klein!

kurz, _____

_____

_____

_____

_____

_____

_____

_____

1 Beschreibe Leas Kleidung möglichst genau.
Der rote Faden hilft dir dabei.

Lea trägt…

_____

Die Mütze …

_____

_____

_____

_____

Auf dem Pulli…

_____

_____

Die Hose ist…

_____

_____

_____

Besonders ist, dass…

_____

_____

_____

2 Überarbeite deine Beschreibung. Hast du Wörter undeutlich
geschrieben? Mache dieses Zeichen ̰?̰ und verbessere.

3 Hast du genau beschrieben? Kreise alle Adjektive ein.

Mach den Test! Lies deinen Text einem
anderen Kind vor. Es soll ein Bild nach
deiner Beschreibung malen. Sieht Lea
so aus wie oben? Dann hast du alles
gut beschrieben.

1 Wo kommt Pepe an?

Gehe bis zur Ampel und überquere die Kreuzung.
Gehe geradeaus und biege in die zweite Straße rechts ein.

Am Ende der Straße sieht Pepe das _____ .

2 Wie kommt Pepe zum Dinogehege? Fülle die Lücken.

Gehe bis zur A_____ und überquere die _____ .

Gehe weiter _____ und biege in die _____

Straße _____ ein.

1 Welche Beschreibung passt zu welchem Bild? Verbinde.

Weghe-schreibung

nach links

über die Brücke

die zweite Straße links

bis zur Ampel

2 Welche Beschreibung passt hier? Beschrifte die Bilder.

grgdlahs   _resch abigen._

1 Klara hat alles klein geschrieben. Markiere alle Wörter, die groß geschrieben werden, mit diesem Zeichen ↑.

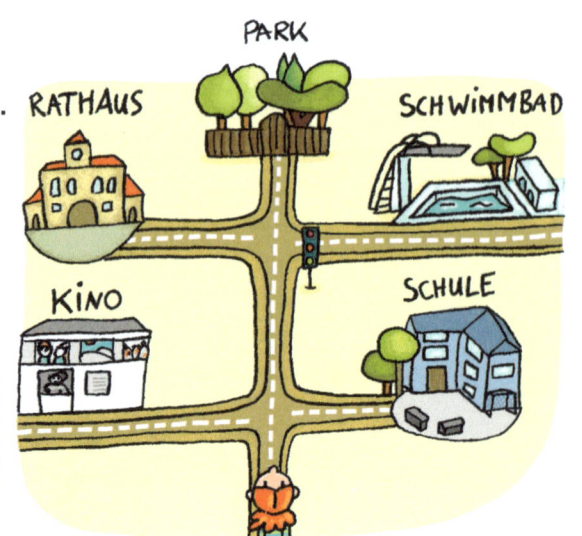

↑ gehe bis zur kreuzung. biege dort links ab. am ende der straße siehst du das kino.

2 Schreibe den Text richtig ab.

_____

_____

_____

3 Toni hat bei seiner Wegbeschreibung Wörter vergessen. Mache das Zeichen ⋎, wenn etwas fehlt. Füge es auf der Schreibzeile ein.

_____zur_____

Gehe bis ⋎ Kreuzung. Überquere sie und gehe weiter bis Ampel.

_____

dort rechts ab. Am Ende Straße siehst du _____.

Wortfeld Verkehr

1 Pepe möchte zum Fischmarkt. Beschreibe den Weg.

LIEGEWIESE

FISCHMARKT

Die Wörter auf Seite 21 helfen dir!

LINKS

RECHTS

...über die Brücke

...geradeaus...

...bis zur Ampel...

An der Kreuzung...

2 Wie kommst du zur Liegewiese am Teich? Schreibe die Wegbeschreibung auf ein extra Blatt.

Der Klassenbriefkasten wird ausgeleert!

① Lies die Nachrichten der Kinder und kreuze an, was sie gemeinsam haben.

Anrede und Gruß

17.5.16

Lieber Luca,
danke, dass du mir deinen Füller ausgeliehen hast. Das war sehr nett.

Gruß
deine Maike

23.5.16

Hallo Jenny,
du kannst wirklich toll zeichnen. Danke für das schöne Bild!

Deine Elisa

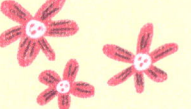

20.5.16

Hi Jakob,
das Turnier am Wochenende hat so viel Spaß gemacht. Super, dass wir in einer Mannschaft spielen.

Viele Grüße
Kai

19.5.16

Hallo Max,
magst du am Samstag bei mir vorbeikommen? Wir können zusammen zum Spielplatz gehen.

Deine Lea

☐ Information **von wem** und **für wen** die Nachricht ist
☐ **Anrede** (Hallo, Hi, Lieber,…)
☐ **Frage**
☐ **Gruß** am Ende (Grüße, Dein,…)
☐ **kurze Mitteilung** oder **Frage** (2 bis 3 Sätze)
☐ **Datum**

(1) Weshalb könntest du einem Kind eine Nachricht schreiben?
Sammle Ideen.

– Verabredung im Freibad

Brauchst du Ideen? Die
Bilder am Rand helfen dir.

Schreib doch mal wieder einem
Kind aus deiner Klasse.
Über Post freut sich jeder!

kontrolliert: ☆ 25

① In beiden Nachrichten fehlt etwas. Markiere die Stelle mit ⩝
und ergänze passend auf der Schreibzeile.

28.11.2016

Lisa

Hi ⩝!

Danke, dass du mir gestern bei den

Hausaufgaben geholfen hast. Ohne dich

hätte ich das nie kapiert.

Mara

___

Liebe Rina,

danke für den leckeren Kuchen. Das war

super, dass du mir ein Stück in der Pause

gegeben hast.

Bis später !

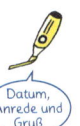

1 Emre möchte seinem kranken Freund Flo eine Nachricht schreiben. Hilf ihm dabei.

> **Datum**

> **Anrede**

> **Für wen** ist die Nachricht?

> kurze **Mitteilung** (2–3 Sätze)

> **Gruß** zum Schluss

> **Von wem** ist die Nachricht?

2 Schreibe jetzt eine eigene Nachricht auf ein extra Blatt. Bestimmt freut sich deine Freundin oder dein Freund sehr.

Ich schreibe auch gleich meiner Freundin Pepina und lade sie zu einem Spazierflug ein.

kontrolliert: ☆ 27

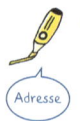

1 Fülle die Lücken in der Postkarte aus.

Märchenwald, den 7.12.16

Liebe Großmutter,

nun bin ich hier im _____.

Die _____ scheint und die

_____ sind wunderschön.

Um den _____

mache ich einen großen Bogen.

Viele Grüße
dein Rotkäppchen

Großmutter

Wiesenweg 7

33612 Märchenwald

2 Wer ist Absender, wer ist Empfänger? Trage richtig ein.

Wer bekommt die Postkarte?   Wer schreibt die Postkarte?

G _____   _____

Absender   Empfänger

Was könnte die Großmutter
antworten? Schreibe einen
Gruß an Rotkäppchen.

kontrolliert: ☆

deine Adresse

1 Fülle die Lücken auf der Postkarte mithilfe der Bilder.

| Absender | | Empfänger |

Borkum, den 2.8.16

Liebe _____,

viele Grüße von der Nordsee.
Das Wetter ist toll und gestern
haben wir eine Wattwanderung
gemacht.

Viele Grüße

dein _____

_____ Hirsch

_____

80538 _____

2 Was ist was? Unterstreiche auf der Postkarte in der passenden Farbe.

Grußformel

Anrede

Die Anrede steht am Anfang und die Grußformel steht am Ende der Postkarte.

Ort, Datum

Adresse des Empfängers

3 Wo gehört die Briefmarke hin? Zeichne sie ein.

kontrolliert: ☆   29

Achtung: Die Grußformeln bestehen aus zwei Wörtern!

① Hier haben sich 4 Anreden und 5 Grußformeln versteckt. Kreise sie ein.

```
S V I E L E G R Ü ß E T Q U I S P R A E
C I U M Q U I D I T A T Q U O Q U O B E
A C I U M Q U I D I T A T A D R E S S E
L R N A T H A L L O A M K L N O N H N E
L I D O L U P T A M Q U O Q U E V I Z L
E X S O N N I G E G R Ü ß E O R E V E I
S I T Q U I S P R A E B I S B A L D E E
L S I T Q U I S P R A E R E A R N A T B
I Ö L H E R Z L I C H E G R Ü ß E O Q E
E R I O I T A T I O R U A U T A P E R A
B O R P O R N E B R I E F M A R K E B E
E A T E S E D U N T A M P E O V I T A T
X P E L L A C Ü L L I E B E R U M R Z R
```

② Trage die Anreden und Grußformeln aus dem Suchsel passend in die Tabelle ein.

Anreden und Gruß- formeln

Anrede	Grußformel
_____	Alles Liebe
_____	_____
_____	_____
_____	_____
_____	_____

1 Schreibe Pepe eine Karte aus dem Urlaub.
Brauchst du noch Ideen? Die Postkarten-Bilder und der rote
Faden helfen dir.

Unser
Urlaubsort

So ist das
Wetter!

Das machen
wir!

Hast du daran gedacht, Ort
und Datum oben rechts auf
die Karte zu schreiben?

kontrolliert: 31

1 Welche Einladung ist für wen? Nummeriere.

1 Lieber Simon,
ich lade dich recht
herzlich zu meiner
Übernachtungsparty am
27.5. um 16 Uhr ein.

Dein Michi

2 Vorlesestunde
für alle Kinder von
6 bis 8 Jahren
Ort: Bücherei
Zeit: 15-16 Uhr
kostenloser Eintritt

3 Sommerfest
für Eltern und Verwandte
Freitag, 16. Juli
ab 14 Uhr
im Pausenhof
Bitte Grillfleisch und
Geschirr mitbringen!
Eure Klasse 2a

Ein Bild bleibt übrig!
Schreibe hier eine
eigene Einladung.

2 Wann schreibst du Einladungen? Sammle Ideen.

Einladungen

für Geburtstagspartys

kontrolliert:

Lösungen Schreib-Stars 2

(zum Heraustrennen die mittlere Klammer lösen)

1. Ideen sammeln in einem Brainstorming

① Schreibe 3 Minuten lang alles auf, was dir zum Thema „Urlaub am Meer" einfällt. Setze den Stift nicht ab.

Sprich: „Bräinstorming" – das bedeutet „Ideensammlung".

URLAUB AM MEER

LÖSUNGSBEISPIEL:

Eis essen
Wassermelone
Sonnenschein
heiß
Strand
Wellen
lecker
Sandburgen bauen

② In einem Brainstorming kannst du auch Sinneseindrücke und Gefühle sammeln:

- 👁 Was **sehe** ich?
- 👃 Was **rieche** ich?
- ✋ Was **taste** oder **spüre** ich?
- 👂 Was **höre** ich?
- 👅 Was **schmecke** ich?
- ❤ Was **fühle** ich?

Notiere Sinneseindrücke und Gefühle.

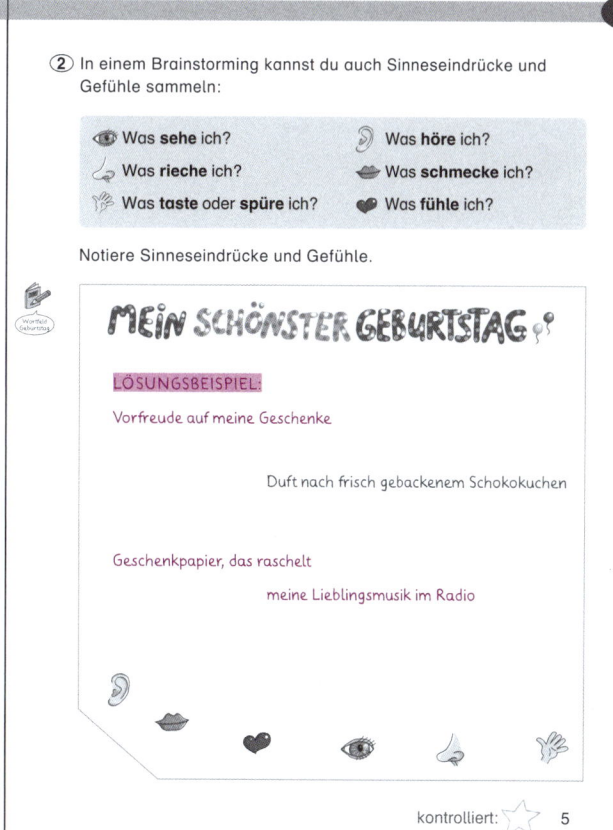

MEIN SCHÖNSTER GEBURTSTAG

LÖSUNGSBEISPIEL:

Vorfreude auf meine Geschenke

Duft nach frisch gebackenem Schokokuchen

Geschenkpapier, das raschelt

meine Lieblingsmusik im Radio

kontrolliert: ⭐

4

5

2. Ideen ordnen mit einer Mindmap

In einer Mindmap ordne ich meine Ideen mithilfe von Schlüsselbegriffen.

① In Pepes Mindmap passen zwei Schlüsselbegriffe nicht dazu. Streiche sie durch.

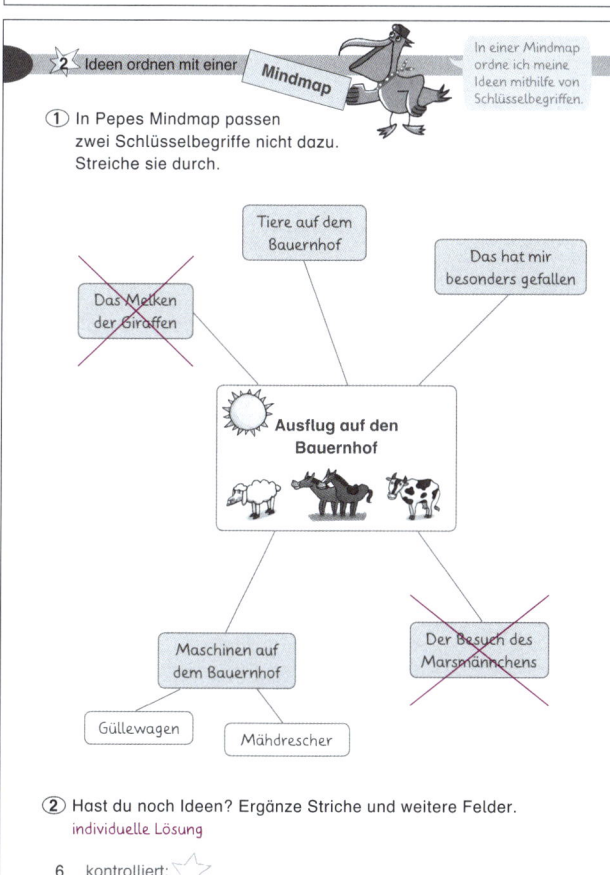

Tiere auf dem Bauernhof

Das hat mir besonders gefallen

~~Das Melken der Giraffen~~

Ausflug auf den Bauernhof

Maschinen auf dem Bauernhof

~~Der Besuch des Marsmännchens~~

Güllewagen

Mähdrescher

② Hast du noch Ideen? Ergänze Striche und weitere Felder.
individuelle Lösung

3. Abwechslungsreiche Wörter finden bei der Wörterjagd

Bei der Wörterjagd sammelst du Wörter, die dir beim Texte schreiben helfen. Lege dir ein Heft mit Wörtern an.

① Markiere im Text alle Satzanfänge.

Schlangenfangen

Zuerst werden zwei Fänger bestimmt. **Sie** müssen sich an den Händen halten und dürfen sich nicht loslassen. **Jetzt** rennen alle Kinder weg. **Dabei** klatschen die Fänger die Kinder ab und nehmen jedes gefangene Kind an die Hand. **So** wird die Schlange immer länger. **Zum Schluss** sind alle Kinder gefangen. **Nun** halten sich alle an den Händen.

② Schreibe jetzt alle Satzanfänge aus Aufgabe 1 in deine Wörtersammlung, zum Beispiel in ein Heft. *Zeige dein Heft einem Erwachsenen.*

Achte auf diese Symbole im Heft:

✏ Markiere die Wörter im Text. Die Sprechblase zeigt dir, welche Wörter du suchen sollst.

📱 Sammle die Wörter in deiner Wörtersammlung in einem extra Heft. Die Sprechblase zeigt dir, welche Wörter du aufschreiben sollst.

6   kontrolliert: ⭐

kontrolliert: ⭐   7

① Fülle die Lücken aus und löse das Tierrätsel.

Tierrätsel

Ich bin kleiner als eine 🐱 Katze

und **größer als** eine 🐭 Maus [.]

Mein Fell ist ☁ weiß ,

🐾 braun , 🐾 schwarz oder gefleckt [.]

Ich lebe im 🏠 Haus in einem 🗄 Käfig [.]

Im Sommer bin ich auch gerne im 🪴 Garten [.]

Am liebsten fresse ich 🌾 Gras und

🌼 Löwenzahn [.]

Besonders an mir sind meine langen 👂 Ohren [.]

Wer bin ich?

Ich bin ein ◯ Igel ⊗ Kaninchen ◯ Meerschweinchen

② Überarbeite das Rätsel: Steht am Satzende immer ein Punkt?
Ergänze ihn. Lösung siehe Text

8 kontrolliert: ☆

---

① In jeder Wörterschlange haben sich 3 Wörter versteckt, die für Tierrätsel wichtig sind. Schreibe sie auf.

FELLHAUTFEDERN

Fell, Haut, Federn

SCHNAUZERÜSSELMAUL

Schnauze, Rüssel, Maul

GRASFLIEGENFLEISCH

Gras, Fliegen, Fleisch

STALLWEIDEWILDNIS

Stall, Weide, Wildnis

Überlege dir doch noch mehr Wörterschlangen!

kontrolliert: ☆ 9

---

① Fülle die Lücken aus und verbinde dann immer ein Wort mit dem passenden Satz.

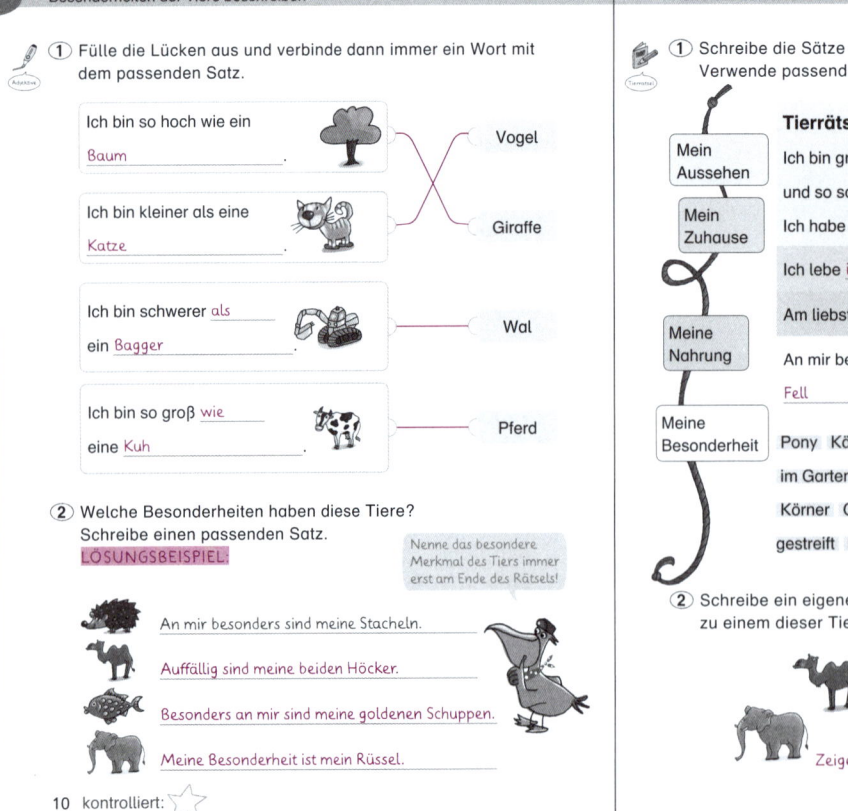

| Ich bin so hoch wie ein | |
| Baum . | Vogel |

| Ich bin kleiner als eine | |
| Katze . | Giraffe |

| Ich bin schwerer als | |
| ein Bagger . | Wal |

| Ich bin so groß wie | |
| eine Kuh . | Pferd |

② Welche Besonderheiten haben diese Tiere?
Schreibe einen passenden Satz.
LÖSUNGSBEISPIEL:

Nenne das besondere Merkmal des Tiers immer erst am Ende des Rätsels!

An mir besonders sind meine Stacheln.

Auffällig sind meine beiden Höcker.

Besonders an mir sind meine goldenen Schuppen.

Meine Besonderheit ist mein Rüssel.

10 kontrolliert: ☆

---

① Schreibe die Sätze zu Ende.
Verwende passende Wörter von unten.

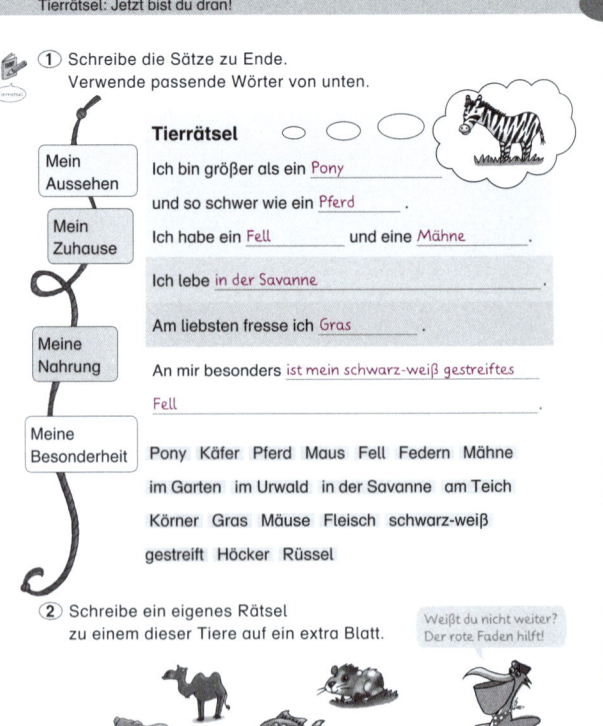

Tierrätsel

Mein Aussehen

Ich bin größer als ein Pony
und so schwer wie ein Pferd .

Ich habe ein Fell und eine Mähne .

Mein Zuhause

Ich lebe in der Savanne .

Am liebsten fresse ich Gras .

Meine Nahrung

An mir besonders ist mein schwarz-weiß gestreiftes Fell .

Meine Besonderheit

Pony Käfer Pferd Maus Fell Federn Mähne
im Garten im Urwald in der Savanne am Teich
Körner Gras Mäuse Fleisch schwarz-weiß
gestreift Höcker Rüssel

② Schreibe ein eigenes Rätsel
zu einem dieser Tiere auf ein extra Blatt.

Weißt du nicht weiter? Der rote Faden hilft!

Zeige dein Tierrätsel einem Erwachsenen.

kontrolliert: ☆ 11

Leon schreibt einen Wochenplan.

Mo	Di	Mi	Do	Fr
Treffen mit Tom	Klavier-unterricht	Arzttermin		

Das habe ich diese Woche an den Nachmittagen geplant.

① Spure die grauen Satzanfänge nach und schreibe die Sätze dann fertig.

Mein Wochenplan

Am Montag treffe ich mich mit Tom.

Am Dienstag gehe ich zum Klavierunterricht.

Am Mittwoch habe ich einen Arzttermin.

② Was hat Leon am Donnerstag und Freitag vor? Schreibe zwei Sätze in der Ich-Form.
LÖSUNGSBEISPIEL:

Am Donnerstag bin ich auf einer Geburtstagsparty eingeladen.

Am Freitag spiele ich mit meinen Freunden Fußball.

---

① In jeder Wörterschlange haben sich 3 Hobbys versteckt. Schreibe sie auf.

BASTELNGITARREMALEN

basteln, Gitarre, malen

HANDBALLKLAVIERTANZEN

Handball, Klavier, tanzen

② Welche Wochentage haben sich hier versteckt? Schreibe auf.

Samstag

Freitag

Donnerstag

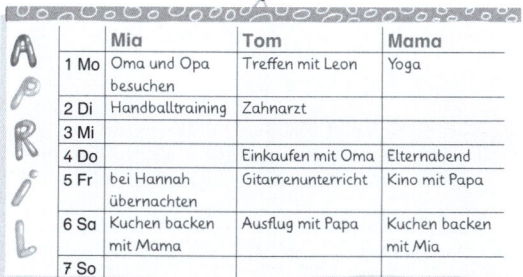

	Mia	Tom	Mama
1 Mo	Oma und Opa besuchen	Treffen mit Leon	Yoga
2 Di	Handballtraining	Zahnarzt	
3 Mi			
4 Do		Einkaufen mit Oma	Elternabend
5 Fr	bei Hannah übernachten	Gitarrenunterricht	Kino mit Papa
6 Sa	Kuchen backen mit Mama	Ausflug mit Papa	Kuchen backen mit Mia
7 So			

APRIL

① Mia beschreibt ihre Nachmittage. Schreibe die Sätze mit dem passenden Verb zu Ende. Verwende die Ich-Form.

Mias Wochenplan

Am Montag (besuchen) besuche ich Oma und Opa.

Am Dienstag (gehen) gehe ich zum Handballtraining.

Am Mittwoch und Donnerstag habe ich noch nichts vor.

Am Freitag (übernachten) übernachte ich bei Hannah.

Am Samstag (backen) backe ich Kuchen mit Mama.

② Was macht Mia am Sonntag? Löse die Geheimschrift.

Am Sonntag faulenze ich.

A	B	C	D	E	F	G	H	I	J	K	L	M
Z	Y	X	W	V	U	T	S	R	Q	P	O	N

ZN HLMMGZT UZFOVMAV RXS.

---

① Schreibe Toms Wochenplan von Seite 14 auf. Was könnte er am Sonntag machen?
LÖSUNGSBEISPIEL:

Toms Wochenplan

Am Montag treffe ich mich mit Leon.

Am Dienstag habe ich einen Termin beim Zahnarzt.

Am Mittwoch habe ich noch nichts vor.

Am Donnerstag gehe ich einkaufen mit Oma

und am Freitag bin ich beim Gitarrenunterricht.

Am Samstag mache ich einen Ausflug mit Papa.

Am Sonntag möchte ich den ganzen Tag

faulenzen.

Am Montag ...

Am Dienstag ...

Am Mittwoch ...

Am Donnerstag ...

Am Freitag ...

Am Samstag ...

Am Sonntag ...

Und was machst du so? Schreibe deinen Wochenplan.

② Hast du an ganze Sätze gedacht? Kreise jeden Punkt am Satzende ein.
Lösung siehe Text

① Wer wird hier beschrieben? Verbinde.

Der Junge trägt eine kurze blaue Hose. Seine Mütze ist gestreift.

Das Mädchen hat eine Jeans an. Ihr T-Shirt ist gelb gepunktet.

Das Mädchen trägt einen roten Rock und hellblaue Leggins.

Der Junge trägt ein Hemd und eine blaue Hose. Sie hat ein Loch am Knie.

Das Mädchen hat ein rotes Kleid an. Die Strumpfhose ist bunt geringelt.

Zwei Kinder bleiben übrig. Kannst du ihre Kleidung beschreiben?

---

① Immer das Gegenteil! Kreise mit der gleichen Farbe ein.

lang — kurzärmlig — groß — klein — dick — schwarz — bunt — dünn — weiß — kurz — einfarbig — langärmlig

② Löse das Kreuzworträtsel.

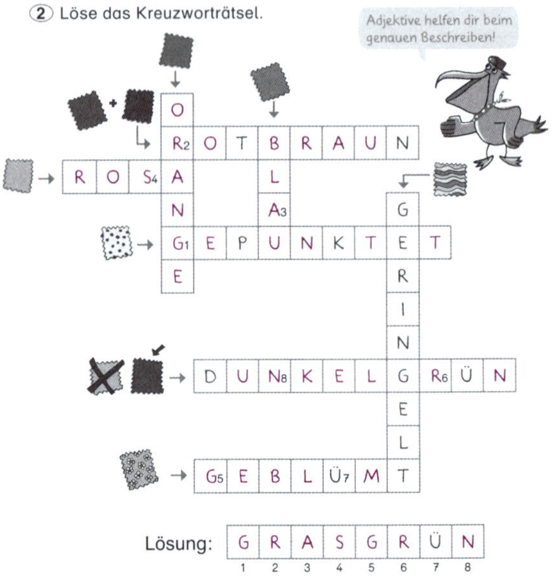

Adjektive helfen dir beim genauen Beschreiben!

O
R₂ O T B R A U N
R O S₄ A L
N A₃
G₁ E P U N K T E T G
E R
I
N
D U N₈ K E L G R₆ Ü N
E
L
G₅ E B L Ü₇ M T

Lösung:

G	R	A	S	G	R	Ü	N
1	2	3	4	5	6	7	8

---

① Toni hat in seiner Beschreibung die Adjektive vergessen. Setze sie an der richtigen Stelle ein.

Der Junge trägt ein blaues T-Shirt mit

roten Streifen.

Er hat eine lange , gelbe Jogginghose an.

Die Socken sind weiß und haben

ein kleines Loch.

lange — blaues — roten — kleines — gelbe — weiß

② Finde möglichst viele Adjektive, um die Kleidungsstücke zu beschreiben. LÖSUNGSBEISPIEL.

Adjektive schreibt man immer klein!

kurz, blauweiß gestreift

gelb, löchrig, alt, gepunktet

grün, ärmellos, warm, gesteppt

langärmlig, kariert, türkisblau, altmodisch

---

① Beschreibe Leas Kleidung möglichst genau. Der rote Faden hilft dir dabei. LÖSUNGSBEISPIEL.

Lea trägt...

Die Mütze ...

Auf dem Pulli...

Die Hose ist...

Besonders ist, dass...

Lea trägt eine Pudelmütze.
Die Mütze ist blau und hat
einen Bommel. Sie hat einen
grünen langärmligen Pulli an. Auf dem Pulli
steht ihr Name in Großbuchstaben.
Die Hose ist lang und rotweiß gestreift.
Besonders ist, dass Lea keine Schuhe,
sondern nur blaue Socken trägt. Außerdem
ist ein Loch in Leas Hose.

② Überarbeite deine Beschreibung. Hast du Wörter undeutlich geschrieben? Mache dieses Zeichen und verbessere.
individuelle Lösung

③ Hast du genau beschrieben? Kreise alle Adjektive ein.
Lösung siehe Text

Mach den Test! Lies deinen Text einem anderen Kind vor. Es soll ein Bild nach deiner Beschreibung malen. Sieht Lea so aus wie oben? Dann hast du alles gut beschrieben.

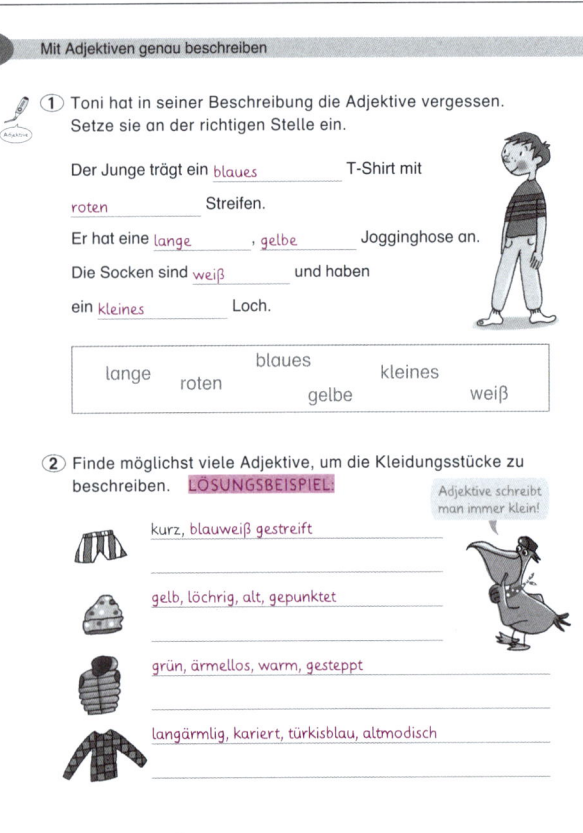
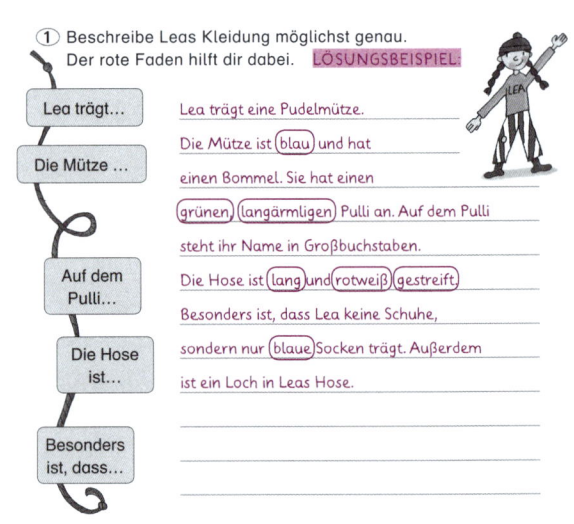

(1) Wo kommt Pepe an?

Gehe bis zur Ampel und überquere die Kreuzung.
Gehe geradeaus und biege in die zweite Straße rechts ein.

Am Ende der Straße sieht Pepe das Schloss_____.

(2) Wie kommt Pepe zum Dinogehege? Fülle die Lücken.

Gehe bis zur Ampel_____ und überquere die Kreuzung_____.

Gehe weiter geradeaus_____ und biege in die erste_____

Straße rechts_____ ein.

20 kontrolliert: ⭐

(1) Welche Beschreibung passt zu welchem Bild? Verbinde.

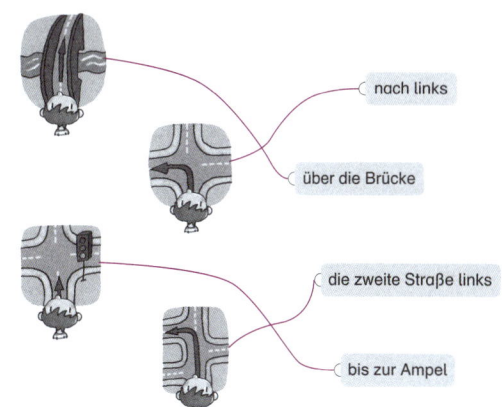

nach links

über die Brücke

die zweite Straße links

bis zur Ampel

(2) Welche Beschreibung passt hier? Beschrifte die Bilder.

geradeaus (über die Kreuzung)   nach rechts

kontrolliert: ⭐ 21

---

(1) Klara hat alles klein geschrieben. Markiere alle Wörter, die groß geschrieben werden, mit diesem Zeichen ↑.

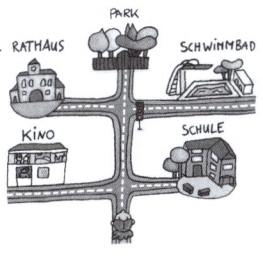

↑ gehe bis zur
↑kreuzung.↑biege dort
links ab.↑am↑ende
der↑straße siehst du
das↑kino.

(2) Schreibe den Text richtig ab.

Gehe bis zur Kreuzung. Biege dort links ab.

Am Ende der Straße siehst du das Kino.

(3) Toni hat bei seiner Wegbeschreibung Wörter vergessen. Mache das Zeichen ⅄, wenn etwas fehlt. Füge es auf der Schreibzeile ein.

zur   zur
Gehe bis ⅄Kreuzung. Überquere sie und gehe weiter bis ⅄Ampel.

Biege   der
⅄dort rechts ab. Am Ende ⅄Straße siehst du das Schwimmbad.

22 kontrolliert: ⭐

(1) Pepe möchte zum Fischmarkt. Beschreibe den Weg.
LÖSUNGSBEISPIEL:

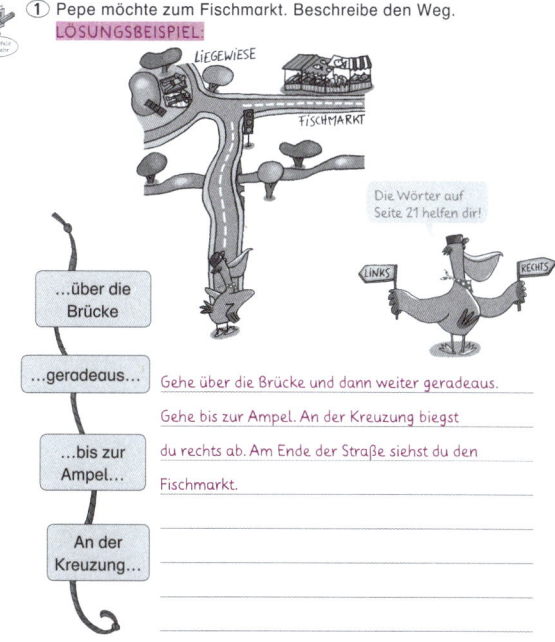

Die Wörter auf
Seite 21 helfen dir!

...über die Brücke

...geradeaus...   Gehe über die Brücke und dann weiter geradeaus.

...bis zur Ampel...   Gehe bis zur Ampel. An der Kreuzung biegst
                        du rechts ab. Am Ende der Straße siehst du den
                        Fischmarkt.

An der Kreuzung...

(2) Wie kommst du zur Liegewiese am Teich? Schreibe die Wegbeschreibung auf ein extra Blatt.
Zeige deinen Text einem Erwachsenen.

kontrolliert: ⭐ 23

Der Klassenbriefkasten wird ausgeleert!

① Lies die Nachrichten der Kinder und kreuze an, was sie gemeinsam haben.

17.5.16

Lieber Luca,
danke, dass du mir deinen Füller ausgeliehen hast. Das war sehr nett.

Gruß
deine Maike

23.5.16

Hallo Jenny,
du kannst wirklich toll zeichnen. Danke für das schöne Bild!

Deine Elisa

20.5.16

Hi Jakob,
das Turnier am Wochenende hat so viel Spaß gemacht. Super, dass wir in einer Mannschaft spielen.

Viele Grüße
Kai

19.5.16

Hallo Max,
magst du am Samstag bei mir vorbeikommen? Wir können zusammen zum Spielplatz gehen.

Deine Lea

- ☒ Information **von wem** und **für wen** die Nachricht ist
- ☒ **Anrede** (Hallo, Hi, Lieber,…)
- ☐ **Frage**
- ☒ **Gruß** am Ende (Grüße, Dein,…)
- ☒ kurze **Mitteilung** oder **Frage** (2 bis 3 Sätze)
- ☒ **Datum**

① Weshalb könntest du einem Kind eine Nachricht schreiben? Sammle Ideen. LÖSUNGSBEISPIEL:

– Verabredung im Freibad

– Liebesbrief

– Bedanken für ein Geschenk

– Erinnerung an einen Termin

– Gute Besserung wünschen

Brauchst du Ideen? Die Bilder am Rand helfen dir.

Schreib doch mal wieder einem Kind aus deiner Klasse. Über Post freut sich jeder!

① In beiden Nachrichten fehlt etwas. Markiere die Stelle mit ⱴ und ergänze passend auf der Schreibzeile.
LÖSUNGSBEISPIEL:

28.11.2016

Lisa
Hi ⱴ!

Danke, dass du mir gestern bei den

Hausaufgaben geholfen hast. Ohne dich

hätte ich das nie kapiert.

Liebe Grüße
ⱴMara

ⱴ 5.10.2017

Liebe Rina,

danke für den leckeren Kuchen. Das war

super, dass du mir ein Stück in der Pause

gegeben hast.

dein Leo
Bis später ⱴ!

① Emre möchte seinem kranken Freund Flo eine Nachricht schreiben. Hilf ihm dabei.

LÖSUNGSBEISPIEL:

2.12.2016

Hallo Flo,

hoffentlich geht es dir schon wieder

ein bisschen besser. Vielleicht kannst

du ja nächste Woche wieder ins

Training kommen. Wir haben dich heute

schon vermisst.

Gute Besserung und bis bald

dein Emre

Datum

Anrede

Für wen ist die Nachricht?

kurze **Mitteilung** (2–3 Sätze)

Gruß zum Schluss

Von wem ist die Nachricht?

② Schreibe jetzt eine eigene Nachricht auf ein extra Blatt. Bestimmt freut sich deine Freundin oder dein Freund sehr.
Zeige deine Nachricht einem Erwachsenen.

Ich schreibe auch gleich meiner Freundin Pepina und lade sie zu einem Spazierflug ein.

1 Fülle die Lücken in der Postkarte aus.

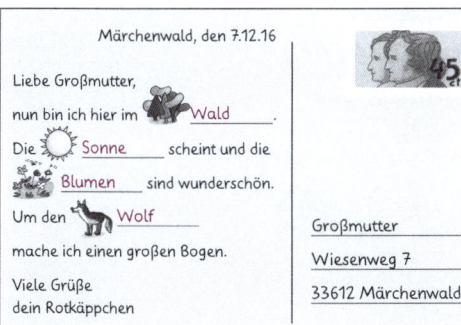

Märchenwald, den 7.12.16

Liebe Großmutter,

nun bin ich hier im __Wald__.

Die __Sonne__ scheint und die

 __Blumen__ sind wunderschön.

Um den __Wolf__

mache ich einen großen Bogen.

Viele Grüße
dein Rotkäppchen

Großmutter

Wiesenweg 7

33612 Märchenwald

2 Wer ist Absender, wer ist Empfänger? Trage richtig ein.

Wer bekommt die Postkarte?

__Großmutter__

Wer schreibt die Postkarte?

__Rotkäppchen__

Absender ➡ Empfänger

Was könnte die Großmutter antworten? Schreibe einen Gruß an Rotkäppchen.

---

1 Fülle die Lücken auf der Postkarte mithilfe der Bilder.

Absender ➡ Empfänger

Borkum, den 2.8.16

Liebe __Luisa__,

viele Grüße von der Nordsee.
Das Wetter ist toll und gestern
haben wir eine Wattwanderung
gemacht.

Viele Grüße

dein __Theo__

Luisa __Hirsch__

Kanalstraße 110

80538 München

2 Was ist was? Unterstreiche auf der Postkarte in der passenden Farbe. Lösung siehe Postkarte

Die Anrede steht am Anfang und die Grußformel steht am Ende der Postkarte.

Anrede   **Grußformel**

Adresse des Empfängers   Ort, Datum

3 Wo gehört die Briefmarke hin? Zeichne sie ein.
Lösung siehe Postkarte

Achtung: Die Grußformeln bestehen aus zwei Wörtern!

1 Hier haben sich 4 Anreden und 5 Grußformeln versteckt. Kreise sie ein.

```
S V I E L E G R Ü ß E T Q U I S P R A E
C I U M Q U I D I T A T Q U O Q U O B E
A C I U M Q U I D I T A T A D R E S S E
L R N A T H A L L O A M K L N O N H N E
L I D O L U P T A M Q U O Q U E V I Z L
E X S O N N I G E G R Ü ß E O R E V E I
S I T Q U I S P R A E B I S B A L D E
L S I T Q U I S P R A E R E A R N A T B
I Ö L H E R Z L I C H E G R Ü ß E O Q E
E R I O I T A T I O R U A U T A P E R A
B O R P O R N E B R I E F M A R K E B E
E A T E S E D U N T A M P E O V I T A T
X P E L L A C Ü L L I E B E R U M R Z R
```

2 Trage die Anreden und Grußformeln aus dem Suchsel passend in die Tabelle ein.

Anrede	Grußformel
Hallo	Alles Liebe
Hi	Viele Grüße
Lieber	Sonnige Grüße
Liebe	Herzliche Grüße
	Bis bald

---

1 Schreibe Pepe eine Karte aus dem Urlaub.
Brauchst du noch Ideen? Die Postkarten-Bilder und der rote Faden helfen dir.

LÖSUNGSBEISPIEL:

Unser Urlaubsort

So ist das Wetter!

Das machen wir!

Griechenland, den 5.8.17

Lieber Nico,

sonnige Grüße aus Griechenland.

Das Wetter ist super und wir baden

jeden Tag im Meer. Morgen machen

wir sogar einen Surfkurs. Leckeres

Eis gibt es zum Glück auch jeden Tag.

Bis bald

dein Simon

Hast du daran gedacht, Ort und Datum oben rechts auf die Karte zu schreiben?

① Welche Einladung ist für wen? Nummeriere.

1 Lieber Simon,
ich lade dich recht
herzlich zu meiner
Übernachtungsparty am
27.5. um 16 Uhr ein.

Dein Michi

2 Vorlesestunde
für alle Kinder von
6 bis 8 Jahren
Ort: Bücherei
Zeit: 15-16 Uhr
kostenloser Eintritt

3 Sommerfest
für Eltern und Verwandte
Freitag, 16. Juli
ab 14 Uhr
im Pausenhof
Bitte Grillfleisch und
Geschirr mitbringen!
Eure Klasse 2a

Ein Bild bleibt übrig!
Schreibe hier eine
eigene Einladung.

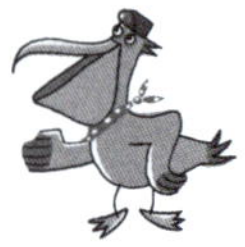

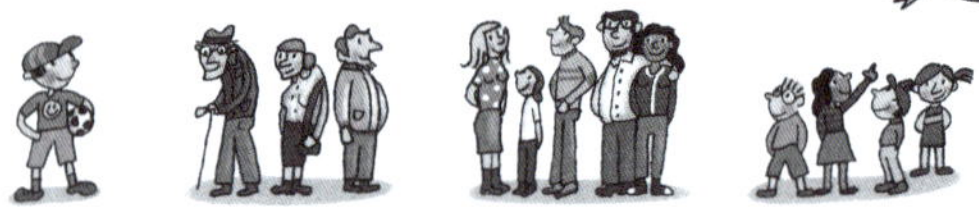

1   ☐   3   2

② Wann schreibst du Einladungen? Sammle Ideen.

LÖSUNGSBEISPIEL:

für Klassenfeste   für Weihnachtsfeiern

Einladungen

für Geburtstagspartys   für Übernachtungspartys

---

① Was passt zu welcher Einladung? Verbinde.
Achtung: Manchmal passen zwei.

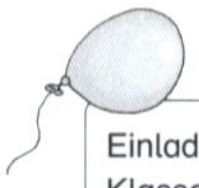

Einladung zum
Klassenfest

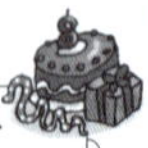

Einladung zur
Geburtstagsparty

Einladung zum
Fußballturnier

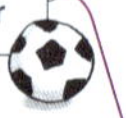

Einladung zur
Stadtführung für
Kinder

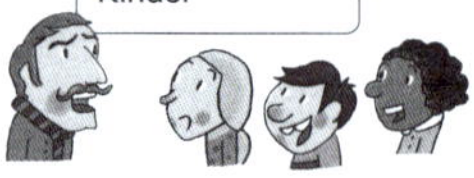

Treffpunkt ist vor dem
Rathaus jeden
Samstagvormittag in
den Sommerferien.

Bitte meldet die
Mannschaften bis
zum 25. Juni.

Für Kinder ist die Führung
kostenlos, Erwachsene
zahlen 3 €.

Bitte Geschirr und
Getränke selber
mitbringen.

Bring bitte
Badesachen zur
Party mit.

Auf die Gewinner
wartet ein Pokal!

---

① Lies die Einladung und die Fragen. Unterstreiche die
passenden Antworten mit den Farben der W-Fragen.

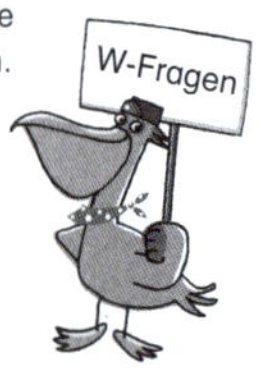

W-Fragen

Die W-Fragen (Wann? Wo?
Was? ...) helfen dir an alle
wichtigen Informationen in
einer Einladung zu denken.

Liebe Clara,

ich lade dich zu meiner
Geburtstagsparty am
Freitag, den 10. Juli um
19 Uhr in die Bachstraße 7
ein. Gib mir bitte
Bescheid, ob du kommst.

Deine Luisa

Wer ist eingeladen?

Was findet statt?

Wann ist die Party (Tag, Datum
und Uhrzeit)?

Wo ist die Party?

Wer lädt ein?

② Was passt zusammen? Verbinde.

Wer?

Was?

Wann?

Donnerstag, den 2. April, um 18 Uhr

Eltern und Geschwister

Theateraufführung

Becher, Teller und Besteck

Vorsicht! Ein
Feld bleibt übrig!

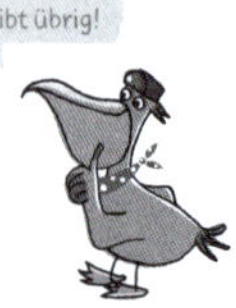

---

① Sina schreibt ihrem Freund Elias eine Einladung zu ihrer
Faschingsparty. Schreibe die Einladung mithilfe der Notizen.

LÖSUNGSBEISPIEL:

- Faschingsfeier am
  10. Februar
- bei mir zu Hause (Holzweg 7)
- ab 15 Uhr
- bitte verkleidet kommen

Lieber Elias,

ich lade dich zu meiner

Faschingsfeier am 10. Februar ab

15 Uhr ein. Wir feiern bei mir

zu Hause im Holzweg 7.

Bitte komm doch verkleidet zu

meiner Party.

Bis bald

deine Sina

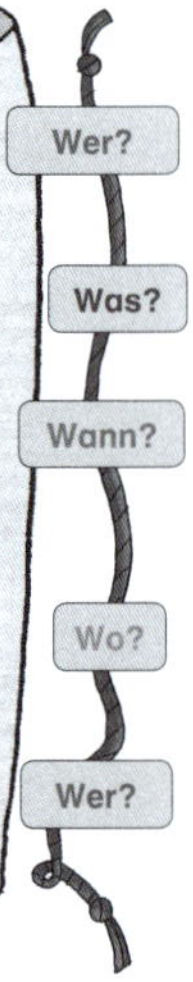

Wer?

Was?

Wann?

Wo?

Wer?

② Hast du alle wichtigen W-Fragen beantwortet? Kontrolliere mit
dem roten Faden.

① So ein Durcheinander! Ordne Pepes Ideen zu Zauberfeen und Piraten.

abenteuerlustig   freundlich
Schloss
    zerfetzte Kleidung   Bart   Piratenschiff
mutig   Zauberstab
                    bezaubernd
hilfsbereit   zarte
        stark   Flügel
                            glitzerndes
auf dem   im Zauberwald   Kleid
Meer   Augenklappe

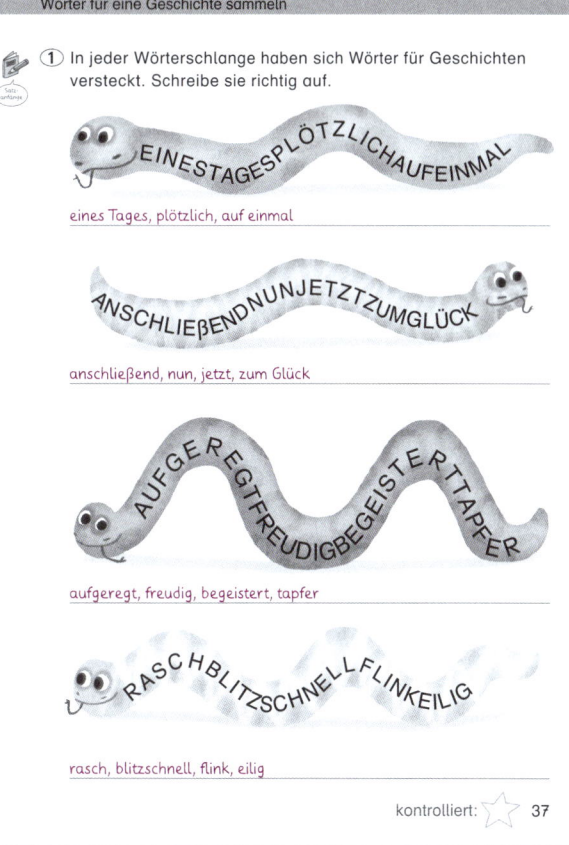

Aussehen:

Zauberstab, zarte Flügel,

glitzerndes Kleid

Eigenschaften:

hilfsbereit, freundlich,

bezaubernd

Zu Hause:

Schloss, im Zauberwald

Aussehen:

zerfetzte Kleidung,

Augenklappe, Bart

Eigenschaften:

mutig, abenteuerlustig, stark

Zu Hause:

auf dem Meer, Piratenschiff

② Was macht eine Zauberfee gern? Was ein Pirat? Notiere.
LÖSUNGSBEISPIEL:

Hobbys:

Wünsche erfüllen, fliegen,

zaubern

Hobbys:

Schätze finden, angeln,

segeln

---

① In jeder Wörterschlange haben sich Wörter für Geschichten versteckt. Schreibe sie richtig auf.

EINESTAGESPLÖTZLICHAUFEINMAL

eines Tages, plötzlich, auf einmal

ANSCHLIEßENDNUNJETZTZUMGLÜCK

anschließend, nun, jetzt, zum Glück

AUFGEREGTFREUDIGBEGEISTERTTAPFER

aufgeregt, freudig, begeistert, tapfer

RASCHBLITZSCHNELLFLINKEILIG

rasch, blitzschnell, flink, eilig

---

① Es war einmal eine kleine Zauberfee …
Gib der kleinen Zauberfee einen Namen.
LÖSUNGSBEISPIEL:

Ich bin die kleine Zauberfee und heiße

Lillibell   .

② Manchmal zaubert die kleine Zauberfee komische Dinge. Betrachte die Bilder und verbinde die Textteile richtig.

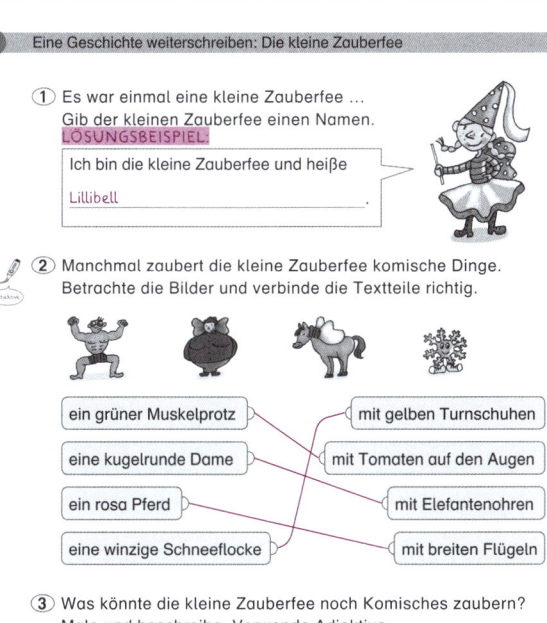

ein grüner Muskelprotz	mit gelben Turnschuhen
eine kugelrunde Dame	mit Tomaten auf den Augen
ein rosa Pferd	mit Elefantenohren
eine winzige Schneeflocke	mit breiten Flügeln

③ Was könnte die kleine Zauberfee noch Komisches zaubern? Male und beschreibe. Verwende Adjektive.

individuelle Lösung

---

④ Schreibe die Zauber-Geschichte weiter.
LÖSUNGSBEISPIEL:

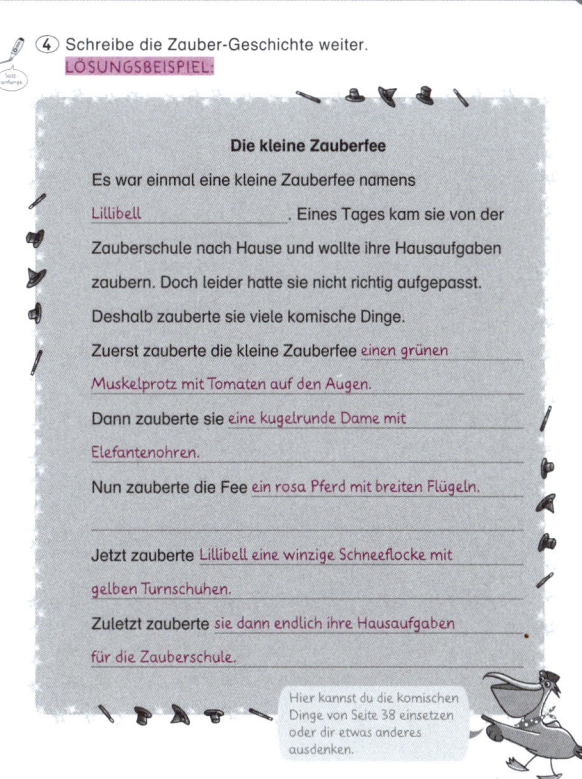

Die kleine Zauberfee

Es war einmal eine kleine Zauberfee namens

Lillibell   . Eines Tages kam sie von der

Zauberschule nach Hause und wollte ihre Hausaufgaben

zaubern. Doch leider hatte sie nicht richtig aufgepasst.

Deshalb zauberte sie viele komische Dinge.

Zuerst zauberte die kleine Zauberfee einen grünen

Muskelprotz mit Tomaten auf den Augen.

Dann zauberte sie eine kugelrunde Dame mit

Elefantenohren.

Nun zauberte die Fee ein rosa Pferd mit breiten Flügeln.

Jetzt zauberte Lillibell eine winzige Schneeflocke mit

gelben Turnschuhen.

Zuletzt zauberte sie dann endlich ihre Hausaufgaben

für die Zauberschule.

Hier kannst du die komischen Dinge von Seite 38 einsetzen oder dir etwas anderes ausdenken.

① Der kleine Erfinder erfindet viele praktische Maschinen.
Wer braucht welche? Verbinde.

> Oh nein! Wir liegen schon 3 Tore zurück!

> So viele Hausaufgaben! Dabei wollte ich doch noch spielen!

> So ein Durcheinander! Niemals finde ich alle Sockenpaare!

Torschießmaschine — Hausaufgabenmaschine — Sockensortiermaschine

② Welche Maschine könntest du gut gebrauchen?
Male und beschrifte sie.

> Du kannst eine Maschine aus Aufgabe 1 malen oder dir eine eigene überlegen.

individuelle Lösung

③ Schreibe die Geschichte vom kleinen Erfinder auf.
LÖSUNGSBEISPIEL:

Der kleine Erfinder

In einem fernen Land lebt ein kleiner Erfinder namens

Fidipus . Eines Tages muss er

alle seine Socken sortieren .

Aber er hat keine Lust die passenden Paare zu suchen

. Da hat der kleine Erfinder eine

gute Idee und macht sich sofort an die Arbeit. Schnell erfindet

er eine super Sockensortiermaschine .

Doch als der kleine Erfinder die Maschine ausprobiert,

färbt sie alle Socken rosa .

Deswegen muss Fidipus jetzt immer rosa Socken tragen

.

seine Socken sortieren – bei einem Fußballspiel mitspielen –
sehr viele Hausaufgaben – keine Lust, die passenden Paare
zu suchen – kein guter Torschütze – viel lieber spielen –
Sockensortiermaschine – Torschießmaschine –
Hausaufgabenmaschine – färbt alle Socken rosa – schießt
auf das falsche Tor – schreibt die Hausaufgaben in einer
Geheimschrift – immer rosa Socken tragen – schnell die
Mannschaft wechseln – seine Hausaufgaben doch selbst
machen

> Ideen gesucht? Hier wirst du fündig!

---

① Welche Stichwörter passen nicht zu den Bildern?
Streiche sie durch.

1

- Polizistin
- ~~blondes Mädchen~~
- fröhlich
- ~~sitzt auf einer Bank~~
- plötzlich
- bekommt einen Schreck
- ~~fängt an zu fliegen~~
- Hände und Arme verschwinden
- wird nach und nach unsichtbar

2

- kahler Baum
- Winter
- ~~hat viele grüne Blätter~~
- Sonne scheint
- ~~es schneit~~
- ~~Blätter wachsen~~
- immer noch keine Blätter
- ~~lauter Kirschen~~
- es wachsen Pizzen
- Käse und Salami
- lecker

② Welche Wörter fallen dir zu den Bildern ein? Schreibe sie auf.
LÖSUNGSBEISPIEL:

3

- Mädchen telefoniert
- wird immer kleiner
- steigt in das Telefon
- klettert zum Anrufer

4

- viele Luftballons
- Junge freut sich
- er erschrickt
- fliegt durch die Luft

③ Schreibe jetzt zu jedem Bilderpaar mindestens einen Satz.

> Verwende die Wörter, die du auf Seite 42 gesammelt hast.

LÖSUNGSBEISPIEL:

1

Plötzlich bekommt die fröhliche Polizistin einen Schreck. Ihre Hände
und Arme verschwinden und sie wird nach und nach unsichtbar.

2

Im Winter steht der Baum kahl auf einer Wiese. Auch als die Sonne
scheint, wachsen ihm immer noch keine Blätter. Auf einmal wachsen
Pizzen mit Käse und Salami an allen Ästen. Lecker!

3

Während das Mädchen telefoniert, wird sie immer kleiner und
kleiner. Sie schrumpft so weit, dass sie in das Telefon steigen kann.
Jetzt kann sie zu dem Anrufer klettern und mit ihm persönlich reden.

4

So viele Luftballons hat der Junge noch nie gehalten. Er freut sich.
Doch plötzlich erschrickt er und hebt ab. Mit den Ballons fliegt er
jetzt durch die Luft und sieht die Welt von oben.

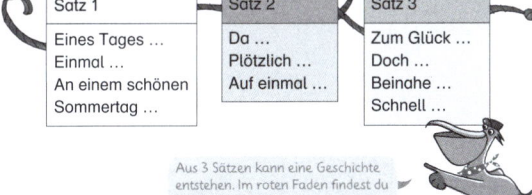

Satz 1	Satz 2	Satz 3
Eines Tages …	Da …	Zum Glück …
Einmal …	Plötzlich …	Doch …
An einem schönen	Auf einmal …	Beinahe …
Sommertag …		Schnell …

Aus 3 Sätzen kann eine Geschichte entstehen. Im roten Faden findest du passende Satzanfänge

1 Immer dieser Piraten-Pauli! Verbinde die 3 Sätze, die zusammengehören, mit einem roten Faden.

Eines Tages kommt Piraten-Pauli von einem Beutezug nach Hause.	Auf einmal sieht er eine riesige Spinne am Baumstamm hochklettern.	Zum Glück ist es nur eine brennende Kerze, die er vergessen hat.
Einmal will Piraten-Pauli ein Schiff überfallen.	Plötzlich hört er eine Stimme: „Hey, Pauli, alter Freund!"	Schnell flüchtet er in sein Piratenversteck.
An einem schönen Sommertag liegt Piraten-Pauli in seiner Hängematte.	Da sieht er in seinem Piratenversteck ein Licht flackern.	Jetzt erkennt er seinen alten Freund Benno auf dem anderen Schiff.

2 Das erlebt Piraten-Pauli eines Tages auf seinem Schiff. Immer ein Stichwort passt nicht zum Bild. Streiche es durch.

Specht – macht Löcher – Schiffswand – ~~Loch im Segel~~

~~Regen~~ – Löcher – Wasser kommt ins Schiff – Schreck

Was könnte Piraten-Pauli noch erleben? Male eine Geschichte mit 3 Bildern und schreibe dazu.

Idee – Löcher stopfen – mit Karotten – ~~Schiff geht unter~~ – Specht bekommt Würmer

3 Schreibe die Geschichte von Piraten-Pauli mit 3 Sätzen auf.

LÖSUNGSBEISPIEL: Eines Tages hämmert ein Specht an Paulis Boot und macht Löcher in die Schiffswand. Da kommt plötzlich viel Wasser ins Schiff und Pauli erschrickt. Zum Glück hat er die gute Idee, die Löcher mit Karotten zu stopfen und den Specht dafür mit Würmern zu füttern.

Verwende Satzanfänge aus dem roten Faden.

kontrolliert: ☆

44   45

---

1 Piraten-Pauli auf seiner Insel: Kreise zu jedem Satz den passenden Sinneseindruck ein.

Piraten-Pauli steht am Strand. Er trägt kaputte Hosen und ein zerrissenes Hemd. Er läuft barfuß.

Pauli spürt den warmen Sand zwischen seinen Zehen.	Hören · Schmecken · ⊛Tasten
In Paulis Nase steigt der Geruch von Salzwasser und gebratenem Fisch.	⊛Riechen · Hören · Fühlen
Pauli hört die Möwen kreischen.	Sehen · Riechen · ⊛Hören
Er betrachtet das blaue Meer und die weißen Schäfchenwolken.	Schmecken · ⊛Sehen · Fühlen
Der Pirat fühlt sich frei. Er ist glücklich.	Hören · ⊛Fühlen · Schmecken

Das bedeuten die Symbole.

Riechen   Hören   Tasten
Sehen   Schmecken   Fühlen

2 Welche Gedankenblasen passen zu Piraten-Pauli? Male sie an.

Das Piratenleben ist echt doof!

Ich liebe mein Piratenleben!

Der Fisch riecht aber lecker.

3 Piraten-Pauli ist zu Besuch bei seiner Mama. Jetzt soll er sich waschen und ordentliche Kleidung anziehen.

Piraten-Pauli betrachtet sich im Spiegel. Er hat eine Jeans und ein weißes Hemd an. Er trägt Schuhe an den Füßen.

In Paulis Nase steigt der Geruch von Parfum und Seife.	Fühlen · ⊛Riechen · Sehen
Er hat den Geschmack von Zahnpasta im Mund.	Hören · Sehen · ⊛Schmecken
Aus der Küche hört Pauli Geschirr klappern und seine Tanten plappern.	Schmecken · Fühlen · ⊛Hören
Durch das Fenster sieht er eine Straße mit vielen Autos.	Tasten · ⊛Sehen · Schmecken
Die Hose fühlt sich eng an und die Schuhe drücken am großen Zeh.	⊛Tasten · Sehen · Hören
Der Pirat fühlt sich wie in einem Käfig. Er ist unglücklich.	⊛Fühlen · Hören · Schmecken

4 Was könnte Piraten-Pauli jetzt denken? Schreibe es in die Gedankenblase. LÖSUNGSBEISPIEL:

Mir fehlt der Geruch des Meers und die vielen Abenteuer. Ich möchte wieder zurück auf mein Schiff.

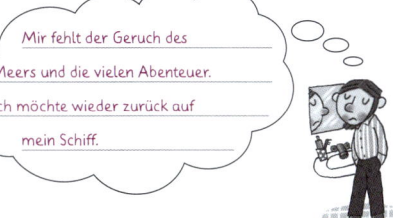

kontrolliert: ☆   47

46

(1) Piraten-Pauli macht einen Angler-Ausflug. Welche Sätze passen nicht zur Geschichte? Streiche sie durch.

Anglerglück

Eines Tages im Sommer sitzt Piraten-Pauli an Deck und angelt.
Die Sonne scheint warm. Das Wasser glitzert.
~~Piraten-Pauli ärgert sich über das schlechte Wetter.~~
Piraten-Pauli fühlt sich glücklich und zufrieden.

> Was für ein schöner Tag!
> Mir geht es richtig gut.

Da zieht er plötzlich eine Flasche aus dem Wasser.
~~An der Angel zappelt ein großer Fisch.~~
Piraten-Pauli ist aufgeregt. Sein Herz klopft.
Er denkt sofort an einen Schatz.

> Oh, was ist das?
> Kann das ein Schatz sein?

(2) Was könnte Piraten-Pauli denken? Schreibe es in die Sprechblasen.

LÖSUNGSBEISPIEL
siehe Sprechblasen

---

(3) Wie könnte die Geschichte weitergehen? Male und schreibe.

> LÖSUNGSBEISPIEL
>
> Auf dem Bild könnte zu sehen sein:
>
> – Piraten-Pauli, der auf einer einsamen Insel nach dem Schatz gräbt
>
> – Piraten-Pauli, der seine Schatzkarte liest
>
> – Piraten-Pauli, der die Kiste mit Würmern öffnet und der Specht, der sich über die Würmer freut

Vorsichtig öffnet Piraten-Pauli die Flasche und zieht eine
Landkarte heraus. Sofort erkennt er, dass auf der Karte ein
Schatz eingezeichnet ist. Aufgeregt fährt Pauli los und kommt bald
auf einer Insel an. Er beginnt zu graben und findet schnell
eine kaputte Kiste. Leider sind nur ein paar Regenwürmer
in der Truhe. Immerhin freut sich Paulis Freund der Specht,
denn er isst am liebsten den ganzen Tag nur Würmer.

---

(1) Hier siehst du Paolos Steckbrief in Ellas Freundebuch. An ein paar Stellen fehlt etwas. Trage die Wörter aus dem Kasten ein.

| Hobbys | Haarfarbe | Adresse |
| Geburtstag | Lieblingstier | Gewicht |

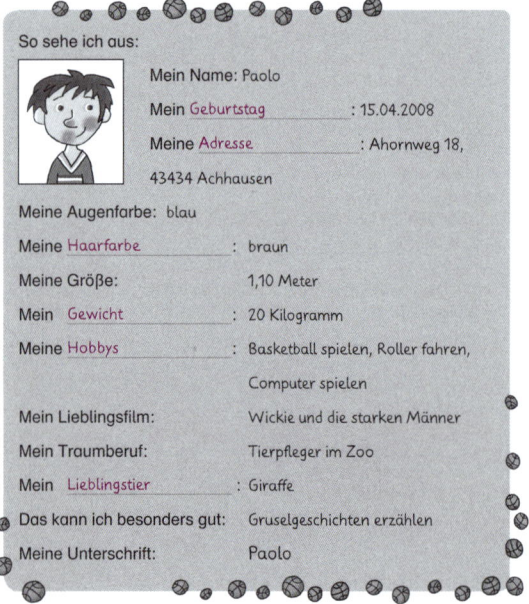

So sehe ich aus:

Mein Name: Paolo

Mein Geburtstag : 15.04.2008

Meine Adresse : Ahornweg 18, 43434 Achhausen

Meine Augenfarbe: blau

Meine Haarfarbe : braun

Meine Größe: 1,10 Meter

Mein Gewicht : 20 Kilogramm

Meine Hobbys : Basketball spielen, Roller fahren, Computer spielen

Mein Lieblingsfilm: Wickie und die starken Männer

Mein Traumberuf: Tierpfleger im Zoo

Mein Lieblingstier : Giraffe

Das kann ich besonders gut: Gruselgeschichten erzählen

Meine Unterschrift: Paolo

---

(1) In jeder Wörterschlange haben sich Wörter für Steckbriefe versteckt. Schreibe sie richtig auf.

SPITZNAMEWOHNORTALTER

Spitzname, Wohnort, Alter

HAUSTIERELIEBLINGSFACHGESCHWISTER

Haustiere, Lieblingsfach, Geschwister

(2) Über was kannst du in einem Steckbrief schreiben? Male aus.

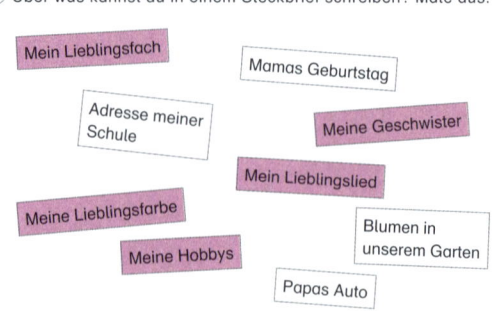

Mein Lieblingsfach

Mamas Geburtstag

Adresse meiner Schule

Meine Geschwister

Mein Lieblingslied

Meine Lieblingsfarbe

Blumen in unserem Garten

Meine Hobbys

Papas Auto

In Steckbriefen schreibt man nur kurze Antworten und Stichpunkte.

① Ella hat viel zu lange Sätze in ihren Steckbrief geschrieben. Kürze sie so, dass nur noch das Wichtigste übrig bleibt.

Name: Ich heiße Ella Miller und mit Zweitnamen Sophie.

      Ella Sophie Miller

Alter: Mein Geburtstag war gestern und jetzt bin ich 8.

      8 Jahre

Meine Geschwister: Ich habe eine Schwester, mit der ich oft streite, und einen großen Bruder.

      eine Schwester, ein Bruder

Mein Lieblingsfach: Früher war es Sport, jetzt ist es Mathe.

      Mathe

Meine Hobbys: Am Montag spiele ich Tischtennis und am Mittwoch ist Gitarrenunterricht.

      Tischtennis und Gitarre spielen

② Was ist Ellas Lieblingstier? Denke es dir selbst aus und schreibe es kurz und knapp auf.   LÖSUNGSBEISPIEL:

Mein Lieblingstier: Pelikan

---

① Schreibe einen Steckbrief über dich. Schreibe über mindestens 6 verschiedene Dinge.

individuelle Lösung

Darüber könntest du zum Beispiel schreiben:

Name, Spitzname, Geschwister, Hobbys, Haustiere, Lieblingsfarbe, Lieblingsfach, …

② Schreibe auf ein extra Blatt einen Steckbrief über Pepe. Dinge, die du von Pepe nicht weißt, kannst du dir ausdenken.
Zeige den Steckbrief einem Erwachsenen.

Faulenzen und Fische naschen sind das Tollste.

Hallo Emily, hier ist Frau Müller. Ich bin die Arbeitskollegin deiner Mama. Heute habe ich sie gar nicht gesehen. Kann mich deine Mutter bitte heute noch zurückrufen? Es geht um den Termin am Montag. Meine Nummer ist 0231 6699. Danke und Tschüss!

① Frau Müller hat bei Emily angerufen. Welche Informationen sind wichtig? Unterstreiche sie in der Sprechblase.
Lösung siehe Sprechblase

② Welche Telefonnotiz enthält alle wichtigen Informationen für Emilys Mutter? Kreise sie ein.

An Mama
Frau Müller von der Arbeit
heute noch zurückrufen
wegen Termin am Montag
Tel.: 0231-6699
     Emily

Hallo Mama
Frau Müller heute
noch zurückrufen
wegen Termin
Tel.: 2319

Frau Müller
heute
zurückrufen
    Emily

---

① Wie heißt die Telefonnummer? Schreibe sie in Ziffern (0, 1, 2, …) auf.

Meine Nummer ist null, acht, acht, null, eins, drei, vier, sechs, sieben.
088013467

Jetzt noch die Telefonnummer. Hast du etwas zum Schreiben? Also, zwölf, siebzehn, fünfzig, dreißig.
12175030

Die Nummer lautet null, vier, drei, fünf, sieben und zweimal die zwo. Hast du alles?
0435722

Anstatt „zwei" sagt man manchmal „zwo".

② Erinnerst du dich noch an die W-Fragen in Kapitel 2? Male sie an.

Wann?   Wieder?   Was?

Wo?   Weiß?   Wie viel?

Wer?   Wirklich?   Wann?

① Für eine gute Telefonnotiz brauchst du viele Informationen. Nach was sollte Pablo noch fragen? Kreuze an.

> Hallo Pablo, sag deiner Mutter bitte, dass sie mich zurückrufen soll.

- ☒ Wer ist am Telefon?
- ☐ Welcher Tag ist heute?
- ☒ Worum geht es?
- ☐ Hattest du einen schönen Tag?
- ☒ Unter welcher Nummer kann meine Mutter zurückrufen?

② Jetzt meldet sich auch noch Pablos Tante. Schreibe die wichtigsten Informationen aus der Sprechblase auf.

> Hallo Pablo, hier spricht deine Tante Simone. Sag deiner Schwester Jessy bitte, dass sie mich anrufen soll. Es geht um unseren Kinobesuch. Meine Nummer ist 0138 669944. Danke und bis bald!

Für wen ist die Notiz? für seine Schwester Jessy

Wer hat angerufen? Tante Simone

Um was geht es? um den Kinobesuch

Telefonnummer? 0138 669944

① Schreibe einen Notizzettel mit allen wichtigen Informationen.

> Hallo Luca, hier ist Mama. Gib bitte Papa Bescheid, dass ich erst eine Stunde später aus der Arbeit komme. Meine Handynummer ist 0154 3933542. Bis später!

Für wen ist die Notiz?

Wer hat angerufen?

Worum geht es?

Telefonnummer für Rückruf?

Wer schreibt die Notiz?

LÖSUNGSBEISPIEL

An Papa

Mama kommt eine Stunde später

aus der Arbeit

Handynummer: 0154 3933542

Luca

> Denk dran: Bei einer Notiz schreibst du nur Stichpunkte und keine ganzen Sätze!

② Mache zu einem Telefonanruf eine Notiz. Lege dir dazu einen Block und einen Stift neben das Telefon.
Zeige die Notiz einem Erwachsenen.

---

① Welcher Pausenbericht passt zum Bild? Kreuze an.

STREITSCHLICHTER

- ☐ In der Pause renne ich sofort zum Klettergerüst. Viele Kinder spielen dort. Manchmal muss ich sogar anstehen zum Rutschen. Mein Pausenbrot esse ich schon vorher im Klassenzimmer. Das erlaubt unsere Lehrerin.

- ☒ Die erste Pause beginnt bei uns um halb 10 Uhr. Als Erstes esse ich mein Pausenbrot. Danach spiele ich mit meinen Freunden Fußball. Meistens gewinnt mein Team. Manchmal gibt es Streit. Dann helfen die Streitschlichter. Sie sind in der Pause immer da.

- ☐ Unsere Pause beginnt um 10 Uhr. Meine ganze Klasse spielt Fußball. Manchmal muss ich auch ins Tor. Tore schießen macht mir aber viel mehr Spaß. Die Pause ist schnell vorbei. Manchmal vergesse ich sogar etwas zu essen.

① Brainstorming: Schreibe 3 Minuten lang alles auf, was du in der Pause machen kannst. Setze den Stift dabei nicht ab.
LÖSUNGSBEISPIEL

Fangen spielen, Seil springen, Fußball spielen, Basketball spielen, mit Freunden quatschen, ein Buch lesen, Pausenbrot essen, Tischtennis spielen, am Klettergerüst turnen, ...

Brainstorming

> Auf Seite 4 kannst du mehr zum Brainstorming nachlesen.

① Welcher Satz passt zu welcher W-Frage? Verbinde.

Achte auf die grünen Wörter.

Achtung! Zu einer W-Frage passen zwei Sätze.

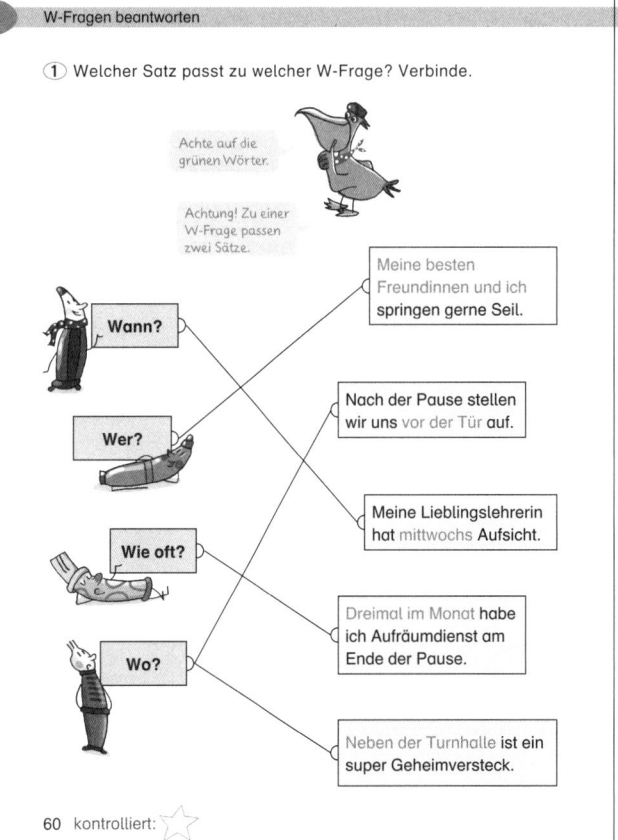

Wann?

Wer?

Wie oft?

Wo?

Meine besten Freundinnen und ich **springen gerne Seil.**

Nach der Pause stellen wir uns vor der Tür **auf.**

Meine Lieblingslehrerin hat mittwochs **Aufsicht.**

Dreimal im Monat **habe ich** Aufräumdienst am Ende der Pause.

Neben der Turnhalle **ist ein super Geheimversteck.**

---

① Was machst du in deiner Pause?
Schreibe deinen Pausenbericht.

Wann?

Wer?

Wo?

...

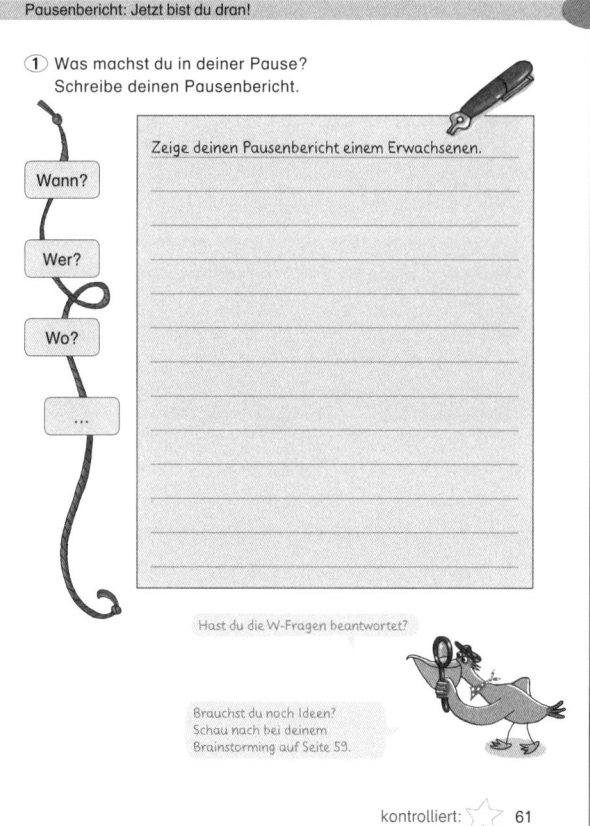

Zeige deinen Pausenbericht einem Erwachsenen.

Hast du die W-Fragen beantwortet?

Brauchst du noch Ideen?
Schau nach bei deinem Brainstorming auf Seite 59.

Wenn du einen Text fertig geschrieben hast, lies ihn dir nochmal gut durch. Die Tipps auf den nächsten Seiten helfen dir!

① **Ist ein Punkt am Satzende?**
Kreise jeden Punkt ein ⊙ und mache einen Punkt, wo er fehlt.

An einem sonnigen Herbsttag hüpft das kleine Eichhörnchen

von Ast zu Ast⊙ Es hat viele Nüsse für den Winter gesammelt⊙Die

Nüsse trägt es schnell zu seinem Versteck⊙ Im Winter wird es alle

seine Schätze wieder ausgraben⊙

② **Sind alle Satzanfänge groß?**
Kreise den Punkt am Satzende ein ⊙ ↑ und verbessere, wo es nötig ist.

Der kleine Igel läuft nachts durch den Garten ⊙ ↑ er sucht nach

Schnecken und Käfern⊙ Plötzlich bleibt der Igel stehen⊙↑er hat ein

Geräusch gehört⊙↑es war eine Katze⊙↑nun springt sie über den

Gartenzaun⊙↑jetzt geht auch der Igel weiter auf Futtersuche⊙

---

③ **Sind alle Namenwörter groß geschrieben?**
Markiere ↑ und verbessere auf der Schreibzeile.

Raupe	Brennnessel

Die kleine ↑raupe sitzt auf der↑brennnessel. Dort frisst sie den ganzen

Raupe

Tag. Die↑raupe ist grün und hat feine Haare. Dann wird die

Raupe	Wochen	Schmetterling

kleine↑raupe zur Puppe. Nach zwei↑wochen schlüpft ein↑schmetterling.

④ **Sind alle Sätze vollständig?**
Mache überall, wo ein Wort fehlt das Zeichen ⩔,
und schreibe das fehlende Wort auf die Schreibzeile.

	in	können

Grashüpfer sind Heuschrecken und sie leben ⩔Wiesen. Sie⩔hoch

sie

springen. Wenn ein Feind kommt, hüpfen⩔einfach davon. Das Springen

der

klappt gut, aber bei⩔Landung machen sie oft Purzelbäume.

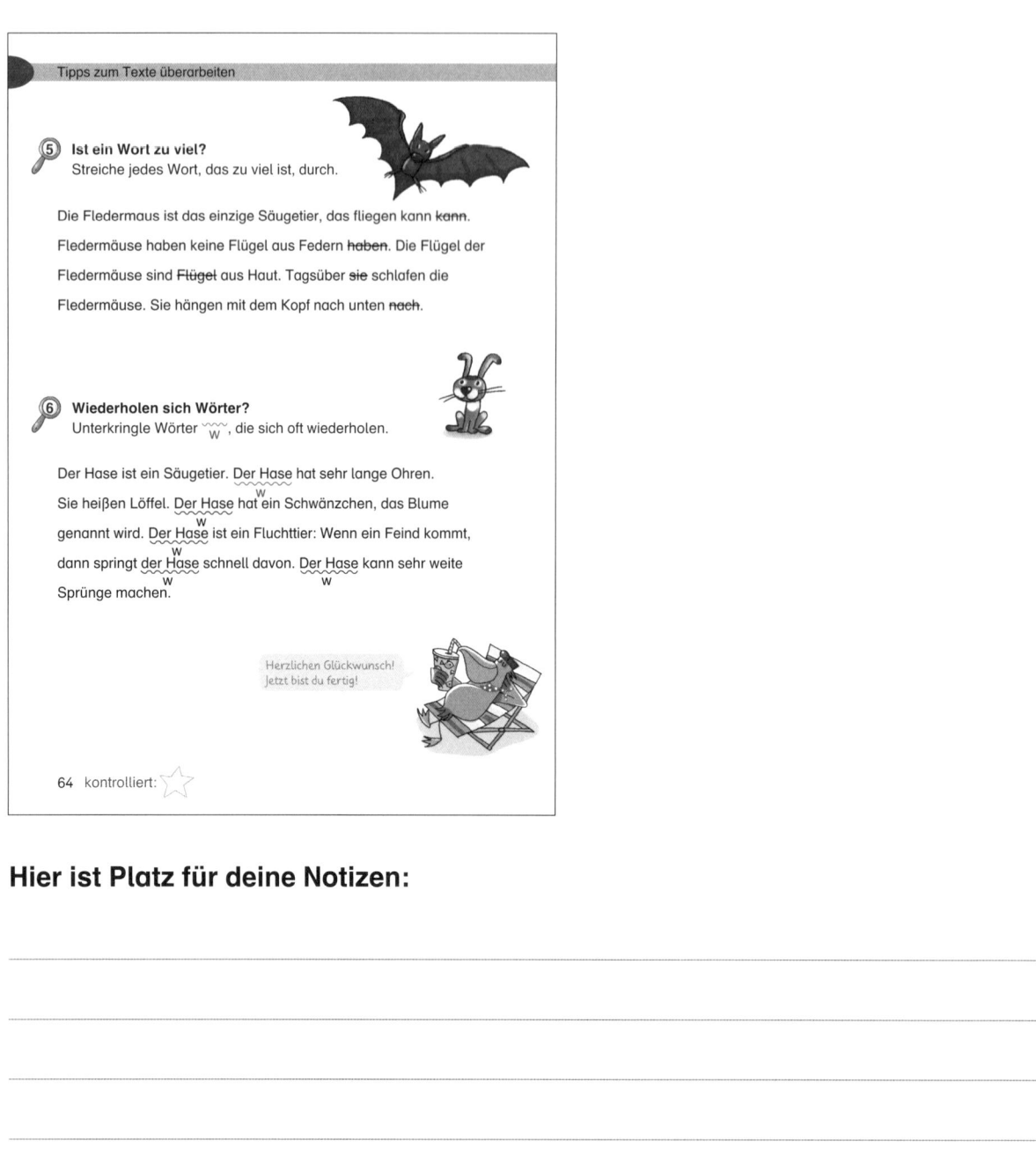

5 Ist ein Wort zu viel?
Streiche jedes Wort, das zu viel ist, durch.

Die Fledermaus ist das einzige Säugetier, das fliegen kann ~~kann~~.

Fledermäuse haben keine Flügel aus Federn ~~haben~~. Die Flügel der

Fledermäuse sind ~~Flügel~~ aus Haut. Tagsüber ~~sie~~ schlafen die

Fledermäuse. Sie hängen mit dem Kopf nach unten ~~nach~~.

6 Wiederholen sich Wörter?
Unterkringle Wörter ∿, die sich oft wiederholen.

Der Hase ist ein Säugetier. Der Hase hat sehr lange Ohren.
Sie heißen Löffel. Der Hase hat ein Schwänzchen, das Blume
genannt wird. Der Hase ist ein Fluchttier: Wenn ein Feind kommt,
dann springt der Hase schnell davon. Der Hase kann sehr weite
Sprünge machen.

Herzlichen Glückwunsch!
Jetzt bist du fertig!

Hier ist Platz für deine Notizen:

1 Was passt zu welcher Einladung? Verbinde.
Achtung: Manchmal passen zwei.

Einladung zum Klassenfest

Treffpunkt ist vor dem Rathaus jeden Samstagvormittag in den Sommerferien.

Einladung zur Geburtstagsparty

Bitte meldet die Mannschaften bis zum 25. Juni.

Für Kinder ist die Führung kostenlos, Erwachsene zahlen 3 €.

Einladung zum Fußballturnier

Bitte Geschirr und Getränke selber mitbringen.

Einladung zur Stadtführung für Kinder

Bring bitte Badesachen zur Party mit.

Auf die Gewinner wartet ein Pokal!

kontrolliert:  33

① Lies die Einladung und die Fragen. Unterstreiche die passenden Antworten mit den Farben der W-Fragen.

W-Fragen

Die W-Fragen (Wann? Wo? Was? …) helfen dir an alle wichtigen Informationen in einer Einladung zu denken.

Liebe Clara,

ich lade dich zu meiner Geburtstagsparty am Freitag, den 10. Juli um 19 Uhr in die Bachstraße 7 ein. Gib mir bitte Bescheid, ob du kommst.

Deine Luisa

Wer ist eingeladen?

Was findet statt?

Wann ist die Party (Tag, Datum und Uhrzeit)?

Wo ist die Party?

Wer lädt ein?

② Was passt zusammen? Verbinde.

Donnerstag, den 2. April, um 18 Uhr

Wer?

Eltern und Geschwister

Vorsicht! Ein Feld bleibt übrig!

Was?

Theateraufführung

Wann?

Becher, Teller und Besteck

1 Sina schreibt ihrem Freund Elias eine Einladung zu ihrer Faschingsparty. Schreibe die Einladung mithilfe der Notizen.

– Faschingsfeier am
  10. Februar
– bei mir zu Hause (Holzweg 7)
– ab 15 Uhr
– bitte verkleidet kommen

Wer?

Was?

Wann?

Wo?

Wer?

2 Hast du alle wichtigen W-Fragen beantwortet? Kontrolliere mit dem roten Faden.

kontrolliert: ⭐ 35

Adjektive

1 So ein Durcheinander! Ordne Pepes Ideen zu Zauberfeen und Piraten.

abenteuerlustig   freundlich

Schloss   Bart   Piratenschiff

zerfetzte Kleidung

mutig   Zauberstab   bezaubernd

hilfsbereit   zarte   glitzerndes
                                   Flügel   Kleid
                            stark
auf dem   im Zauberwald
Meer   Augenklappe

Aussehen: Aussehen:

Zauberstab,   _____

_____   _____

Eigenschaften: Eigenschaften:

hilfsbereit,   mutig,

_____   _____

Zu Hause: Zu Hause:

_____   _____

2 Was macht eine Zauberfee gern? Was ein Pirat? Notiere.

Hobbys: Hobbys:

Wünsche erfüllen,   Schätze finden,

_____   _____

kontrolliert:

1 In jeder Wörterschlange haben sich Wörter für Geschichten versteckt. Schreibe sie richtig auf.

EINESTAGESPLÖTZLICHAUFEINMAL

ANSCHLIEßENDNUNJETZTZUMGLÜCK

AUFGEREGTFREUDIGBEGEISTERTTAPFER

RASCHBLITZSCHNELLFLINKEILIG

1 Es war einmal eine kleine Zauberfee ...
Gib der kleinen Zauberfee einen Namen.

> Ich bin die kleine Zauberfee und heiße
>
> _____ .

2 Manchmal zaubert die kleine Zauberfee komische Dinge.
Betrachte die Bilder und verbinde die Textteile richtig.

Adjektive

ein grüner Muskelprotz	mit gelben Turnschuhen
eine kugelrunde Dame	mit Tomaten auf den Augen
ein rosa Pferd	mit Elefantenohren
eine winzige Schneeflocke	mit breiten Flügeln

3 Was könnte die kleine Zauberfee noch Komisches zaubern?
Male und beschreibe. Verwende Adjektive.

4 Schreibe die Zauber-Geschichte weiter.

Die kleine Zauberfee

Es war einmal eine kleine Zauberfee namens

_____. Eines Tages kam sie von der

Zauberschule nach Hause und wollte ihre Hausaufgaben

zaubern. Doch leider hatte sie nicht richtig aufgepasst.

Deshalb zauberte sie viele komische Dinge.

Zuerst zauberte die kleine Zauberfee _____

_____

Dann zauberte sie _____

_____

Nun zauberte die Fee _____

_____

Jetzt zauberte _____

_____

Zuletzt zauberte _____

_____

Hier kannst du die komischen
Dinge von Seite 38 einsetzen
oder dir etwas anderes
ausdenken.

kontrolliert: ☆   39

1 Der kleine Erfinder erfindet viele praktische Maschinen.
Wer braucht welche? Verbinde.

2 Welche Maschine könntest du gut gebrauchen?
Male und beschrifte sie.

Du kannst eine Maschine aus Aufgabe 1 malen oder dir eine eigene überlegen.

3 Schreibe die Geschichte vom kleinen Erfinder auf.

Verben

Der kleine Erfinder

In einem fernen Land lebt ein kleiner Erfinder namens

_____ . Eines Tages _____

_____ .

Aber _____

_____ . Da hat der kleine Erfinder eine

gute Idee und macht sich sofort an die Arbeit. Schnell erfindet

er eine super _____ .

Doch als der kleine Erfinder die Maschine ausprobiert,

_____ .

Deswegen muss _____

_____ .

seine Socken sortieren – bei einem Fußballspiel mitspielen –
sehr viele Hausaufgaben – keine Lust, die passenden Paare
zu suchen – kein guter Torschütze – viel lieber spielen –
Sockensortiermaschine – Torschießmaschine –
Hausaufgabenmaschine – färbt alle Socken rosa – schießt
auf das falsche Tor – schreibt die Hausaufgaben in einer
Geheimschrift – immer rosa Socken tragen – schnell die
Mannschaft wechseln – seine Hausaufgaben doch selbst
machen

Ideen gesucht? Hier
wirst du fündig!

kontrolliert: ⭐ 41

1 Welche Stichwörter passen nicht zu den Bildern?
Streiche sie durch.

1

— Polizistin
— ~~blondes Mädchen~~
— fröhlich
— sitzt auf einer Bank
— plötzlich
— bekommt einen Schreck
— fängt an zu fliegen
— Hände und Arme
  verschwinden
— wird nach und nach
  unsichtbar

2

— kahler Baum
— Winter
— hat viele grüne Blätter
— Sonne scheint
— es schneit
— Blätter wachsen
— immer noch keine Blätter
— lauter Kirschen
— es wachsen Pizzen
— Käse und Salami
— lecker

2 Welche Wörter fallen dir zu den Bildern ein? Schreibe sie auf.

3

4

_____

_____

_____

_____

3 Schreibe jetzt zu jedem Bilderpaar mindestens einen Satz.

Verwende die Wörter, die du auf Seite 42 gesammelt hast.

1

Plötzlich bekommt die fröhliche Polizistin einen Schreck. Ihre Hände

und Arme verschwinden und sie wird nach und nach unsichtbar.

2

3

4

kontrolliert: ☆ 43

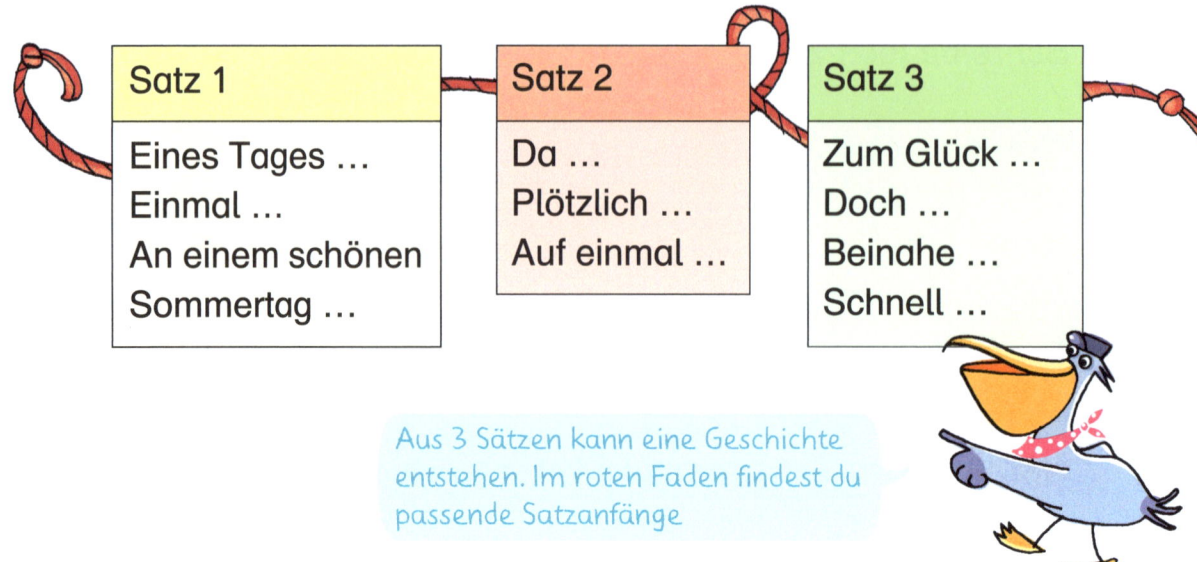

Satz 1	Satz 2	Satz 3
Eines Tages … Einmal … An einem schönen Sommertag …	Da … Plötzlich … Auf einmal …	Zum Glück … Doch … Beinahe … Schnell …

Aus 3 Sätzen kann eine Geschichte entstehen. Im roten Faden findest du passende Satzanfänge

1 Immer dieser Piraten-Pauli! Verbinde die 3 Sätze, die zusammengehören, mit einem roten Faden.

Satz-anfänge

Eines Tages kommt Piraten-Pauli von einem Beutezug nach Hause.

Auf einmal sieht er eine riesige Spinne am Baumstamm hochklettern.

Zum Glück ist es nur eine brennende Kerze, die er vergessen hat.

Einmal will Piraten-Pauli ein Schiff überfallen.

Plötzlich hört er eine Stimme: „Hey, Pauli, alter Freund!"

Schnell flüchtet er in sein Piratenversteck.

An einem schönen Sommertag liegt Piraten-Pauli in seiner Hängematte.

Da sieht er in seinem Piratenversteck ein Licht flackern.

Jetzt erkennt er seinen alten Freund Benno auf dem anderen Schiff.

2 Das erlebt Piraten-Pauli eines Tages auf seinem Schiff. Immer ein Stichwort passt nicht zum Bild. Streiche es durch.

Specht – macht Löcher –
Schiffswand – Loch im Segel

Regen – Löcher – Wasser
kommt ins Schiff – Schreck

Was könnte Piraten-Pauli noch erleben? Male eine Geschichte mit 3 Bildern und schreibe dazu.

Idee – Löcher stopfen – mit Karotten –
Schiff geht unter – Specht bekommt Würmer

3 Schreibe die Geschichte von Piraten-Pauli mit 3 Sätzen auf.

_____

Verwende Satzanfänge aus dem roten Faden.

_____

_____

_____

_____

Verben

1 Piraten-Pauli auf seiner Insel: Kreise zu jedem Satz den passenden Sinneseindruck ein.

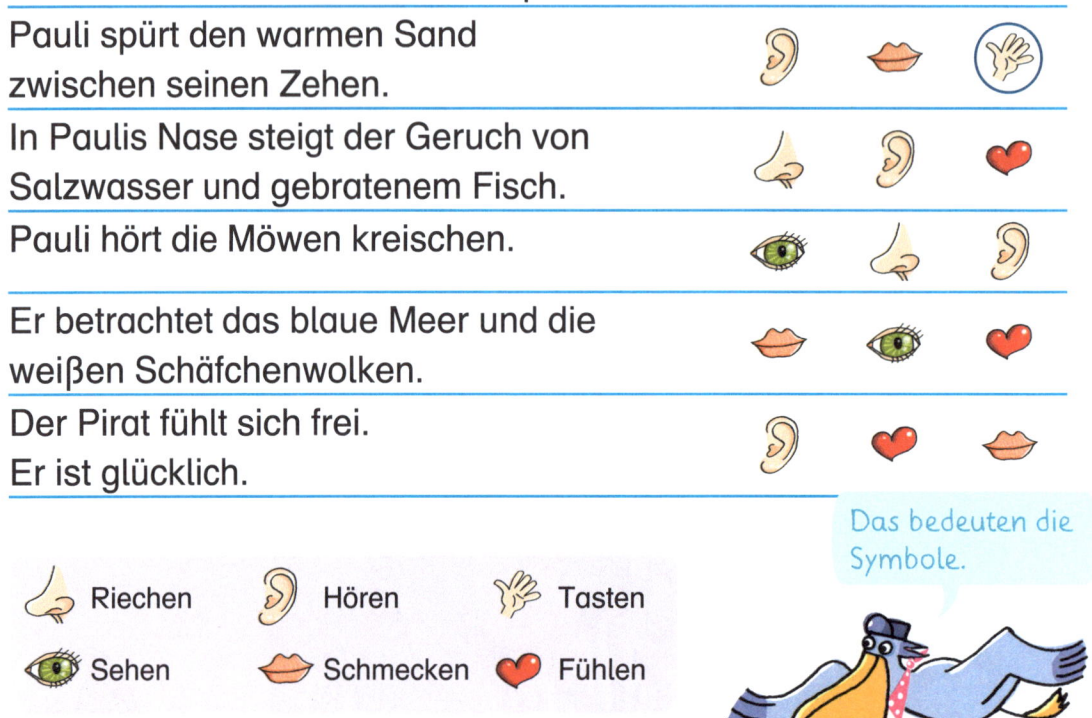

Piraten-Pauli steht am Strand. Er trägt kaputte Hosen und ein zerrissenes Hemd. Er läuft barfuß.

Pauli spürt den warmen Sand zwischen seinen Zehen.	Ohr	Mund	(Hand)
In Paulis Nase steigt der Geruch von Salzwasser und gebratenem Fisch.	Nase	Ohr	Herz
Pauli hört die Möwen kreischen.	Auge	Nase	Ohr
Er betrachtet das blaue Meer und die weißen Schäfchenwolken.	Mund	Auge	Herz
Der Pirat fühlt sich frei. Er ist glücklich.	Ohr	Herz	Mund

Das bedeuten die Symbole.

Riechen Hören Tasten

Sehen Schmecken Fühlen

2 Welche Gedankenblasen passen zu Piraten-Pauli? Male sie an.

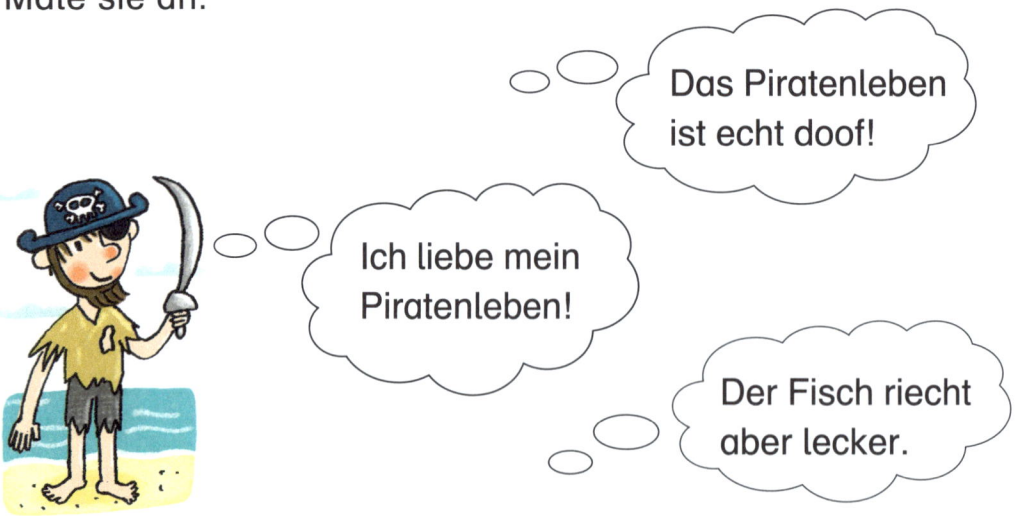

Das Piratenleben ist echt doof!

Ich liebe mein Piratenleben!

Der Fisch riecht aber lecker.

3 Piraten-Pauli ist zu Besuch bei seiner Mama. Jetzt soll er sich waschen und ordentliche Kleidung anziehen.

Piraten-Pauli betrachtet sich im Spiegel. Er hat eine Jeans und ein weißes Hemd an. Er trägt Schuhe an den Füßen.

In Paulis Nase steigt der Geruch von Parfum und Seife.	❤️	👃	👁️
Er hat den Geschmack von Zahnpasta im Mund.	👂	👁️	👄
Aus der Küche hört Pauli Geschirr klappern und seine Tanten plappern.	👄	❤️	👂
Durch das Fenster sieht er eine Straße mit vielen Autos.	✋	👁️	👄
Die Hose fühlt sich eng an und die Schuhe drücken am großen Zeh.	✋	👁️	👂
Der Pirat fühlt sich wie in einem Käfig. Er ist unglücklich.	❤️	👂	👃

4 Was könnte Piraten-Pauli jetzt denken? Schreibe es in die Gedankenblase.

_____

_____

_____

_____

1 Piraten-Pauli macht einen Angler-Ausflug. Welche Sätze passen nicht zur Geschichte? Streiche sie durch.

Anglerglück

Eines Tages im Sommer sitzt Piraten-Pauli an Deck und angelt.
Die Sonne scheint warm. Das Wasser glitzert.
Piraten-Pauli ärgert sich über das schlechte Wetter.
Piraten-Pauli fühlt sich glücklich und zufrieden.

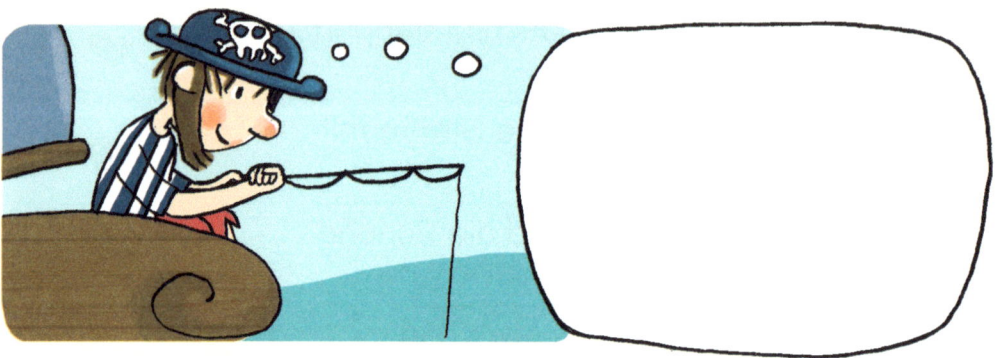

Da zieht er plötzlich eine Flasche aus dem Wasser.
An der Angel zappelt ein großer Fisch.
Piraten-Pauli ist aufgeregt. Sein Herz klopft.
Er denkt sofort an einen Schatz.

2 Was könnte Piraten-Pauli denken?
Schreibe es in die Sprechblasen.

3 Wie könnte die Geschichte weitergehen? Male und schreibe.

Satz-
anfänge

1 Hier siehst du Paolos Steckbrief in Ellas Freundebuch. An ein paar Stellen fehlt etwas. Trage die Wörter aus dem Kasten ein.

> Hobbys   Haarfarbe   Adresse
> Geburtstag   Lieblingstier   Gewicht

So sehe ich aus:

Mein Name: Paolo

Mein _____ : 15.04.2008

Meine _____ : Ahornweg 18,

43434 Achhausen

Meine Augenfarbe: blau

Meine _____ : braun

Meine Größe: 1,10 Meter

Mein _____ : 20 Kilogramm

Meine _____ : Basketball spielen, Roller fahren,

Computer spielen

Mein Lieblingsfilm: Wickie und die starken Männer

Mein Traumberuf: Tierpfleger im Zoo

Mein _____ : Giraffe

Das kann ich besonders gut: Gruselgeschichten erzählen

Meine Unterschrift: Paolo

1 In jeder Wörterschlange haben sich Wörter für Steckbriefe versteckt. Schreibe sie richtig auf.

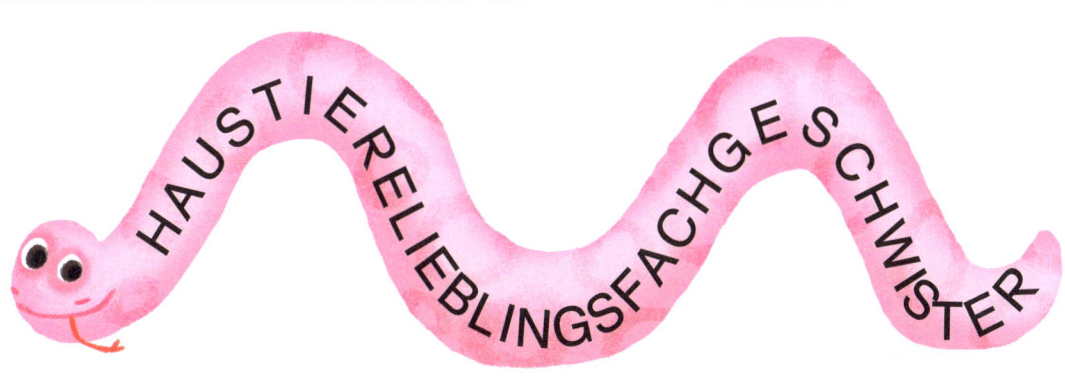

---

2 Über was kannst du in einem Steckbrief schreiben? Male aus.

Mein Lieblingsfach

Mamas Geburtstag

Adresse meiner Schule

Meine Geschwister

Mein Lieblingslied

Meine Lieblingsfarbe

Blumen in unserem Garten

Meine Hobbys

Papas Auto

kontrolliert: 51

In Steckbriefen schreibt man nur kurze Antworten und Stichpunkte.

1 Ella hat viel zu lange Sätze in ihren Steckbrief geschrieben. Kürze sie so, dass nur noch das Wichtigste übrig bleibt.

Name: Ich heiße Ella Miller und mit Zweitnamen Sophie.

Ella Sophie Miller

Alter: Mein Geburtstag war gestern und jetzt bin ich 8.

8 J

Meine Geschwister: Ich habe eine Schwester, mit der ich oft streite, und einen großen Bruder.

_____

Mein Lieblingsfach: Früher war es Sport, jetzt ist es Mathe.

_____

Meine Hobbys: Am Montag spiele ich Tischtennis und am Mittwoch ist Gitarrenunterricht.

_____

_____

2 Was ist Ellas Lieblingstier? Denke es dir selbst aus und schreibe es kurz und knapp auf.

Mein Lieblingstier: _____

1 Schreibe einen Steckbrief über dich. Schreibe über mindestens 6 verschiedene Dinge.

_____

_____

_____

_____

_____

_____

_____

_____

_____

_____

_____

_____

_____

2 Schreibe auf ein extra Blatt einen Steckbrief über Pepe. Dinge, die du von Pepe nicht weißt, kannst du dir ausdenken.

Faulenzen und Fische naschen sind das Tollste.

Hallo Emily, hier ist Frau Müller. Ich bin die Arbeitskollegin deiner Mama. Heute habe ich sie gar nicht gesehen. Kann mich deine Mutter bitte heute noch zurückrufen? Es geht um den Termin am Montag. Meine Nummer ist 0231 6699. Danke und Tschüss!

1 Frau Müller hat bei Emily angerufen. Welche Informationen sind wichtig? Unterstreiche sie in der Sprechblase.

2 Welche Telefonnotiz enthält alle wichtigen Informationen für Emilys Mutter? Kreise sie ein.

Hallo Mama
Frau Müller heute
noch zurückrufen
wegen Termin
Tel.: 2319

An Mama
Frau Müller von der Arbeit heute noch zurückrufen wegen Termin am Montag
Tel.: 0231-6699
                    Emily

Frau Müller
heute
zurückrufen
        Emily

1 Wie heißt die Telefonnummer? Schreibe sie in Ziffern (0, 1, 2, …) auf.

Meine Nummer ist null, acht, acht, null, eins, drei, vier, sechs, sieben.

_____

Jetzt noch die Telefonnummer. Hast du etwas zum Schreiben? Also, zwölf, siebzehn, fünfzig, dreißig.

_____

Die Nummer lautet null, vier, drei, fünf, sieben und zweimal die zwo. Hast du alles?

_____

Anstatt „zwei" sagt man manchmal „zwo".

2 Erinnerst du dich noch an die W-Fragen in Kapitel 2? Male sie an.

Wann?   Wieder?   Was?

Wo?   Weiß?   Wie viel?

Wer?   Wirklich?   Wann?

1 Für eine gute Telefonnotiz brauchst du viele Informationen. Nach was sollte Pablo noch fragen? Kreuze an.

> *Hallo Pablo, sag deiner Mutter bitte, dass sie mich zurückrufen soll.*

☐ Wer ist am Telefon?

☐ Welcher Tag ist heute?

☐ Worum geht es?

☐ Hattest du einen schönen Tag?

☐ Unter welcher Nummer kann meine Mutter zurückrufen?

2 Jetzt meldet sich auch noch Pablos Tante. Schreibe die wichtigsten Informationen aus der Sprechblase auf.

> *Hallo Pablo, hier spricht deine Tante Simone. Sag deiner Schwester Jessy bitte, dass sie mich anrufen soll. Es geht um unseren Kinobesuch. Meine Nummer ist 0138 669944. Danke und bis bald!*

Für wen ist die Notiz? _____

Wer hat angerufen? _____

Um was geht es? _____

Telefonnummer? _____

1 Schreibe einen Notizzettel mit allen wichtigen Informationen.

> Hallo Luca, hier ist Mama. Gib bitte Papa Bescheid, dass ich erst eine Stunde später aus der Arbeit komme.
> Meine Handynummer ist 0154 3933542.
> Bis später!

Für wen ist die Notiz?

Wer hat angerufen?

Worum geht es?

Telefonnummer für Rückruf?

Wer schreibt die Notiz?

Denk dran: Bei einer Notiz schreibst du nur Stichpunkte und keine ganzen Sätze!

2 Mache zu einem Telefonanruf eine Notiz. Lege dir dazu einen Block und einen Stift neben das Telefon.

1 Welcher Pausenbericht passt zum Bild? Kreuze an.

In der Pause renne ich sofort zum Klettergerüst. Viele Kinder spielen dort. Manchmal muss ich sogar anstehen zum Rutschen. Mein Pausenbrot esse ich schon vorher im Klassenzimmer. Das erlaubt unsere Lehrerin.

Die erste Pause beginnt bei uns um halb 10 Uhr. Als Erstes esse ich mein Pausenbrot. Danach spiele ich mit meinen Freunden Fußball. Meistens gewinnt mein Team. Manchmal gibt es Streit. Dann helfen die Streitschlichter. Sie sind in der Pause immer da.

Unsere Pause beginnt um 10 Uhr. Meine ganze Klasse spielt Fußball. Manchmal muss ich auch ins Tor. Tore schießen macht mir aber viel mehr Spaß. Die Pause ist schnell vorbei. Manchmal vergesse ich sogar etwas zu essen.

1 Brainstorming: Schreibe 3 Minuten lang alles auf, was du in der Pause machen kannst. Setze den Stift dabei nicht ab.

Fangen spielen,

Auf Seite 4 kannst du mehr zum Brainstorming nachlesen.

kontrolliert: ⭐ 59

1 Welcher Satz passt zu welcher W-Frage? Verbinde.

Achte auf die grünen Wörter.

Achtung! Zu einer W-Frage passen zwei Sätze.

Meine besten Freundinnen und ich springen gerne Seil.

Wann?

Nach der Pause stellen wir uns vor der Tür auf.

Wer?

Meine Lieblingslehrerin hat mittwochs Aufsicht.

Wie oft?

Dreimal im Monat habe ich Aufräumdienst am Ende der Pause.

Wo?

Neben der Turnhalle ist ein super Geheimversteck.

1 Was machst du in deiner Pause?
Schreibe deinen Pausenbericht.

Wann?

Wer?

Wo?

...

Hast du die W-Fragen beantwortet?

Brauchst du noch Ideen?
Schau nach bei deinem
Brainstorming auf Seite 59.

Wenn du einen Text fertig geschrieben hast, lies ihn dir nochmal gut durch. Die Tipps auf den nächsten Seiten helfen dir!

① Ist ein Punkt am Satzende?

Kreise jeden Punkt ein ⊙ und mache einen Punkt, wo er fehlt.

An einem sonnigen Herbsttag hüpft das kleine Eichhörnchen

von Ast zu Ast⊙ Es hat viele Nüsse für den Winter gesammelt Die

Nüsse trägt es schnell zu seinem Versteck. Im Winter wird es alle

seine Schätze wieder ausgraben

② Sind alle Satzanfänge groß?

Kreise den Punkt am Satzende ein ⊙↑ und verbessere, wo es nötig ist.

Der kleine Igel läuft nachts durch den Garten ⊙↑ er sucht nach

Schnecken und Käfern. Plötzlich bleibt der Igel stehen. er hat ein

Geräusch gehört. es war eine Katze. nun springt sie über den

Gartenzaun. jetzt geht auch der Igel weiter auf Futtersuche.

3 Sind alle Namenwörter groß geschrieben?
Markiere ↑ und verbessere auf der Schreibzeile.

_____Raupe_____

Die kleine ↑raupe sitzt auf der brennnessel. Dort frisst sie den ganzen

_____

Tag. Die raupe ist grün und hat feine Haare. Dann wird die

_____

kleine raupe zur Puppe. Nach zwei wochen schlüpft ein schmetterling.

4 Sind alle Sätze vollständig?
Mache überall, wo ein Wort fehlt das Zeichen ⋁,
und schreibe das fehlende Wort auf die Schreibzeile.

_____in_____

Grashüpfer sind Heuschrecken und sie leben ⋁Wiesen. Sie hoch

_____

springen. Wenn ein Feind kommt, hüpfen einfach davon. Das Springen

_____

klappt gut, aber bei Landung machen sie oft Purzelbäume.

 **5 Ist ein Wort zu viel?**
Streiche jedes Wort, das zu viel ist, durch.

Die Fledermaus ist das einzige Säugetier, das fliegen kann ~~kann~~.

Fledermäuse haben keine Flügel aus Federn haben. Die Flügel der

Fledermäuse sind Flügel aus Haut. Tagsüber sie schlafen die

Fledermäuse. Sie hängen mit dem Kopf nach unten nach.

 **6 Wiederholen sich Wörter?**
Unterkringle Wörter ～～, die sich oft wiederholen.

Der Hase ist ein Säugetier. Der Hase hat sehr lange Ohren.

Sie heißen Löffel. Der Hase hat ein Schwänzchen, das Blume

genannt wird. Der Hase ist ein Fluchttier: Wenn ein Feind kommt,

dann springt der Hase schnell davon. Der Hase kann sehr weite

Sprünge machen.

Herzlichen Glückwunsch!
Jetzt bist du fertig!